Historia de amor

Daniel Maitei

Editorial
Metamorfosis

Autor: Daniel Maftei
Diseño y Maquetación: David Román Alcalde

© 2024 Daniel Maftei
© 2024 Editorial Metamorfosis

ISBN: 978-84-129487-7-6

Índice

Capítulo 1

Mi nombre es Daniel Gabriel Maftei, nací en Braşov donde viví en un barrio muy bonito y tranquilo, se llamaba Triaj.

Y mi padre, Maftei Adrián, y mi madre, Maftei Georgeta, junto a mis dos hermanos: Ciprian y Andreea, éramos una familia un poco pobre se podría decir; digo eso porque fuimos la familia más sencilla de todo el edificio. No teníamos bastante, siempre lo justo, en comparación con otras familias; también podía ser la causa el alcohol, ya que mi padre lo consumía (que Dios lo bendiga), y arriba, donde está ahora, parece ser que el mismo alcohol se lo llevó de nuestro lado. No sé qué decir, puede ser que si mi padre no hubiese sido alcohólico, el día de hoy yo no hubiese sido la misma persona. Lo digo porque de mi padre aprendí que el tabaco y el alcohol no te trae cosas buenas, al contrario, solo problemas. Agradezco mucho a mi padre, teniendo en cuenta los problemas que tenía con el alcohol, cuando lo dejaba, tenía temporadas que a veces no tomaba casi nada de eso. Me ha enseñado también muchas cosas positivas en mi vida, una de ellas es ser un poco más disciplinado, cómo puedo tener una linda casa, vestirme más elegante, más bonito, siempre limpio; y que el trabajo no es una vergüenza, da igual lo que hagas; si se quiere estudiar, se puede, siempre se puede, nadie es tonto, por decirlo así.

Una buena palabra a su tiempo es bienvenida, hasta ahora recuerdo perfectamente el momento: qué buenas fueron una buenas palabras fuertes y me cambiaron un poquito la vida; me he dado cuenta de que todo el mundo puede, solamente que a mucha gente le faltan ganas de estudiar y pasar un poquito más de tiempo con los libros.

Fue un día que nuestro tutor hacía una de las reuniones con los padres de vez en cuando para que les cuente cómo lleva cada uno el trimestre, cómo se presenta el informe escolar… cosas que se hacían en esa época y creo que aún se sigue haciendo a día de hoy. Y claro, sabiendo la hora en la que tenían que venir mis padres de esa reunión y que mi situación escolar no era nada buena, me acuerdo que llegó el sábado, escuché la puerta cuando entraron y ahí estaba yo en mi habitación intentando fingir que estaba estudiando,

haciendo los deberes para el día siguiente… Tengo perfectamente clara la imagen en la cabeza cuando mi padre abrió la
puerta de mi habitación, mirándome con una mirada fría y
dura, al mismo tiempo que ellos sabían de qué se trataba esa
mirada perfectamente.

Estaba sentado en la mesa de mi escritorio, que estaba co-
locada en la esquina mirando para la puerta, e intenté tener
un poquito más de distancia por si acaso me quería regañar o
cosas de esas que pueden pasar después de una reunión con
los profesores.

La verdad es que ese día me sorprendió un poco, ya que
me esperaba una paliza que me iban a dar nada más venir de
la reunión, pero se quedó parado delante de la puerta mirándome y aún ahora me acuerdo de las palabras y me dijo que:

—A partir de hoy, si sacas una nota mala, verás la paliza
que te voy a dar.

—Sí, papá, te he entendido.

Fue solo un momento pero que me marcó muchísimo y a
partir del día siguiente cogí todos los libros, todos los problemas donde tenía más dificultades; y poco a poco, y la verdad
que con mucho trabajo (me costó mucho en un principio
entender muchas cosas porque en clase no estaba atento),
pude mejorar muchísimo mis notas y un ejemplo claro fue
Matemáticas: tenía tres o cuatro de media general justo para
suspender y la única manera de poder superar esta nota era
en un examen final cada trimestre y en este examen final
la nota que sacaba se juntaba con la nota general que tenía
en los exámenes de clase y todas las actividades que hemos
tenido durante las clases, partiéndose en dos y haciendo la
media; y como yo tenía un tres, me acuerdo perfectamente

de que yo tenía que sacar mínimo un siete para no suspender y para no llevarme una buena paliza de mi padre.

Sabiendo todas estas cosas me preparé y estudié muchísimo para el día del examen final trimestral.

Otro momento que para mí fue bastante importante: tenía una gran alegría por librarme de una paliza de un padre que estaba muy enojado, y el día de los resultados el profesor siempre se ponía en su escritorio y gritaba el nombre y la nota y tenía que ir cada uno para coger su examen para ver los errores para enseñarnos dónde podíamos mejorar. Fue como si algunos ganaran la lotería y otros un premio gordo. Me acuerdo de que el tutor y profesor de matemáticas era Silviu Zoltan.

En ese momento gritó:

—Maftei, ¡un 9!

Yo me quedé bloqueado por un momento, no me podía creer que fuera posible haberlo conseguido. Me salvé de no estudiar en verano para no repetir el año, pero claro que me libraba también de una buena paliza de parte de mi padre.

Ahora me acuerdo también de que todos los compañeros de clase se quedaron un poquito raros y sorprendidos, además de que fue la segunda nota más alta de clase. Su cara reflejaba que: cómo era posible que yo, que estaba los últimos de clase de matemáticas, podría llegar a sacar la segunda nota más alta de un examen final trimestral; hasta ahora creo que hay mucha gente que no se lo cree.

En el momento que escuché la nota, con lo que significaba para mí se me saltaron lágrimas de alegría; porque, como decía, me salvó de estudiar un verano y, sobre todo, me salvé de una buena charla con mi padre.

Tal vez en otro libro sí me animo a escribir cómo era la paliza que me daba mi padre porque la verdad es que fui un niño muy travieso de chiquitito; pero en ese momento también aprendí que nada es imposible: si quieres de verdad algo, lo puedes conseguir.

De mi mamá lo que aprendí mucho es que siempre nos dejaba un poquito libres para que aprendiéramos de nuestros errores: cómo buscarte un poquito la vida; por ejemplo, si tenías hambre, te ibas a la nevera y comías. No estaba siempre pendiente de nosotros: cambiarte la ropa, ducharte... Solo te levantaba por la mañana diciendo: "Acepta tu deber". Es en estas cosas donde nos ha dejado un poquito camino libre para que aprendamos que si tú quieres hacer algo lo puedes hacer, no hace falta siempre que alguien te ayude: tienes que ser un poco independiente. Una cosa, que a veces le costaba, era que el domingo a mediodía le hacía mucha ilusión comer toda la familia en la mesa, lo preparaba todo con mucho mimo. Y yo iba del viernes hasta el domingo por la noche al fútbol y otra vez fútbol, y no quería ni comer esos días, no me interesaba la comida: me cogía un bocadillo de un trozo de pan con lo que sea y salía a la calle a jugar. Pero era una cosa que no podía cambiar: que siempre por la ventana gritaba los nombres para ir a la mesa y veía que no lo conseguía; por lo que cogía un palo que lo tenía por detrás de la puerta y venía detrás de nosotros fuera, y nada más verla, claro, los tres hermanos echando hostias para casa. Me lavaba las manos y me ponía en la mesa esperando hasta que venía de vuelta y ponía la "carita de inocente" y así a mi madre podía esquivarle un poquito su paliza. No siempre he tenido una mesa grande en el salón y, cada vez que se cabreaba con nosotros, cogía el palo e intentaba seguirnos para pegarnos y dábamos vueltas hasta que se cabreaba, y luego salíamos rápido por la puerta unas horas y después se olvidaba de que había pasado.

Con mi padre no, mi padre era otra historia distinta muy distinta. Viéndome ahora cómo soy la verdad es que estoy muy sorprendido porque no podría describir todo lo que podía hacer: todo lo que un niño chiquitito malo en mi época, yo lo hacía todo; y ahora, viéndome, estoy tranquilo, disciplinado y muchas cosas más: ¡no me lo creo, Dios!, ¿cómo he llegado hasta aquí?

Bueno, con esto paro un poquito mi presentación; voy a pasar a la historia de este libro que de repente me ha apetecido escribir y, claro, no espero que les guste: es una historia bonita para mí, un capítulo de mi vida.

Capítulo 2

Para empezar, les voy a contar cómo conocí a Anca, que es el motivo de esta bonita historia, de un verdadero amor, como lo he presentado al principio.

Estaba en Rumanía de vacaciones en ese momento con la que es ahora mi exesposa y con mi hija Alexandra.

Fue justamente en el último día de vacaciones de estancia en Rumanía, un día antes de regresar a España. En ese verano fuimos de vacaciones con el coche; me acuerdo de que, como siempre, nunca me daba tiempo para hacer las cosas. Yo decía a la gente que me iba de vacaciones, pero siempre cuando iba a Rumanía tenía que estar haciendo deberes, cosas, trabajos, muchos problemas para solucionar... De todas mis vacaciones, en principio disfrutaba diez o quince como mucho; siempre pasaban muchas cosas, al estar tanto tiempo fuera, tenía que hacer pequeñas obras, "papeleos" y muchas más cosas.

Ese día salí muy temprano, era aún de noche, para acabar todo lo que más o menos tenía pendiente, y volví ya de noche otra vez. Llegué a casa muy cansado y hambriento. Quería ducharme, comer algo y nada más; hacer rápido las maletas, cargar el coche y ponerme a dormir para coger fuerzas para el viaje largo que se venía: tenía que salir muy temprano para no coger atasco por las carreteras en Rumanía. Para salir bien, me acuerdo que aparqué el coche, me fui a mi habitación para cambiarme la ropa y ponerme una más ligera, para irme a la cocina a comer algo, y empezar a hacer todos los preparativos para el viaje.

Recuerdo que nada más terminar de cambiarme, iba a salir por la puerta, pero entró mi exmujer Claudia y me contó más o menos que mi cuñada Elena me quería pedir un favor: irme otra vez de vuelta a llevar a su hermana, que acababa ella de conocerla (que es Anca), y a su hermano Adrián, que no tenían a nadie ni un coche y los tenía que acercar esa noche a la ciudad. Pero, aparte de esto, antes de llevarlos a la ciudad, tenía que pasar por la casa donde vivían ellos. Habían estado sus abuelos allí, también estaba en ese momento de vacaciones su madre, y su hermana Anca quería verla...: fue un momento muy confuso.

La cosa se complicaba demasiado, se hacía bastante tarde y, teniendo en cuenta que todavía tenía que preparar el coche para el viaje, tenía que cargar mis cositas tradicionales que preparé porque a mí me gustan mucho (pepinillos en vinagre, mermeladas, mi queso fresco preparado para el viaje con un suero especial…). Cosas de estas que a mí me encantan y cuando puedo las hago y me las llevo preparadas ya para España, lo que me costaba mucho tiempo.

Entonces quedamos en que iba a intentar ir directamente, si les parecía bien, a la ciudad, ya que para pasarme por otro pueblo para conocer a su madre me era imposible, aparte de que era ya una hora bastante tarde también el camino estaba muy mal en esa época y lo que iba a hacer era retrasar muchísimo el viaje y yo no me podía permitir eso porque tenía que dormir algunas horas, no me podía ir a un viaje de dos días en coche casi sin dormir, era una locura: ya lo había hecho muchas veces.

Bueno, entonces me cambio otra vez para llevar a mi cuñada y a sus hermanos a la ciudad. Se va de la habitación mi exmujer y al poco tiempo entra mi cuñada y me cuenta la misma idea, donde yo le explico la situación y le digo que, si le parece bien, solamente los puedo llevar al lugar más cercano y luego me regreso rápidamente para prepararme las cosas que tenía pendientes mirándole a la cara; y mi cuñada lo entendió perfectamente, aunque no le gustó mucho la idea de solamente acercar a sus hermanos a la ciudad y también quería que su hermana pudiera ver a su madre que tenía muchas ganas de verla…, pero al final me entendió perfectamente y mi situación, aun así me pidió si le podría por lo menos hacer otro favor de acercar a los dos hermanos lo más cerca posible a la ciudad, le dije que me cambiaba otra vez y me ponía rápido los zapatos y salíamos echando hostias enseguida.

Salgo por la puerta, me voy al coche, lo arranco y en ese momento de la cocina sale mi cuñada con mi sobrino que lo tenía en los brazos (si no me equivoco era David), porque lloraba muchísimo, y al lado suyo sale su hermano Adrián y su hermana ANCA.

Ahí fue el primer momento donde se paró el tiempo, me quedé un poquito bloqueado sin reacción al verla, ya que parecía un ángel: cómo brillaba su sonrisa, su forma alegre de ser, una energía positiva que transmitía que hasta ese momento nunca había conocido a una persona que transmitiera las mismas sensaciones… No tenía palabras para decir nada, era algo parecido a que cupido hubiera mandado una flecha y te enamorarás de esa persona. Además, tenía todas las miradas de toda la gente en mí, por lo que volví lo más rápido posible a la realidad: era una persona casada y no podía hacer el ridículo. Mi cuñada me presentó a su hermana y creo que, si no me equivoco, le di dos besos, y subimos al coche para irnos.

Nos ponemos en marcha y no exagero: de las puertas de la casa de donde estaba mi suegra hasta la primera curva de la intersección donde tenía que girar a la izquierda para ir a la ciudad estaba como a unos cincuenta metros. En ese momento "el angelito" me da las gracias por el favor y me dice: "¡qué pena que no puedo también ver un momento a mi madre!". Escuchando esas palabras saliendo de su boca me hizo cambiar sin pensar ni un segundo la idea que tenía yo antes de salir de casa, que además era bastante firme, y pensé: "Voy a ir. Hago esto y vuelvo y hago mis cosas para prepararme para el viaje". Llegando a la intersección en la que tenía que girar a la izquierda para ir a la ciudad y seguir el camino recto para ir a la casa donde estaba su madre, ¿qué piensan que hice?: seguí el camino recto. No podía imaginarme siendo yo la mala persona que podía impedir que ese angelito no pudiera ver después de tanto tiempo a su madre, me pareció algo muy cruel de mi parte.

Así que no pude girar el volante a la izquierda y seguí recto. En ese momento Elena, sabiendo el camino usado, se dio cuenta de que no iba directamente a la ciudad y me preguntó:

—¿Qué haces? Porque este no es el camino correcto para ir a la ciudad.

—No podía permitir que, después de tanto tiempo y estando tan cerca tu madre, no la vayas a ver, así que vamos a ir a verla.

En un instante, la voz tanto de Elena y Anca cambiaron muchísimo, sentía en su ojos lágrimas de alegría y yo al mismo tiempo me sentía como un héroe que había hecho algo importante para una persona, fue una sensación bastante buena, difícil de describir.

Más o menos tardamos unos diez, quince minutos en llegar a la casa donde habían crecido, donde estaba la madre de ANCA. El camino era rural y con muchos agujeros.

Hasta ahora parece que veo la expresión de la cara que tenía Anca en ese momento. De nervios y de emoción. ¿Quizás pensando cómo podía reaccionar su madre al verla? Todo el mundo nos imaginamos una reacción positiva de parte de su madre.

Cogemos fuerzas todos y abrimos la puerta. Los abuelos estaban en la entrada junto con su madre sentados en una mesa delante de la casa. Me acuerdo que teníamos que empu-

jarla un poquito por la espalda, ya que estaba muy emociona-
da. Un poco bloqueada, se podría decir, por ver a su madre.
El momento empezó con mucho cariño, mucho entusiasmo,
mucha ilusión. Y se acabó igual de bien. ¿Se quedaron a hablar o hablando un momento? Estaba viendo también que
tenía yo mucha prisa por mi viaje. No me acuerdo. En lo que
estuvieron juntas, se cambiaron teléfonos, cosas de esas…,
pero cuando salimos por la puerta la cara de Anca mostraba
que estaba muy feliz, y yo mismo también. Me sentí bastante
bien. Por intentar echar una mano: hacer algo bueno por
alguien se siente bien. Me sentía como su ángel, que la prote-
gía, no el Ángel de la Guarda que tenemos cada uno.

Nos subimos todos en el coche y arrancamos ya para el siguiente destino hablando sobre dónde tenía que dejarlos desde un principio. Tardamos unos treinta, cuarenta minutos
más o menos hasta llegar ahí, nada más entrar en la ciudad,
en Triaj. Paré el coche ahí y nos bajamos. Nos despedimos
con abrazos y besos. Y otra vez me dio las gracias por el detalle que había tenido con ella de conseguir ver a su madre
después de tanto tiempo. Y no intercambiamos muchas palabras más. Nos volvimos a subir otra vez Elena, el sobrino
y yo en el coche y de vuelta ya para casa, para preparar todo
lo que tenía pendiente para el día siguiente, que no era poco.

Capítulo 3

Pues sí, mis queridos, han pasado justamente ocho años. Hasta el día de hoy, exactamente el 23 de enero de 2020, no he visto más la cara de ese ángel. Solamente de vez en cuando en algunas fotos. Bueno, para empezar, les voy a contar cómo he vuelto a hablar con ella después de tanto tiempo, ¿no?: Estaba en un vacío emocional. ¿Físico o psíquico? No estaba bien. Fue también la temporada en la que la que era mi esposa, después de quince años, se dio cuenta que no me quiere, y se atrevió a decírmelo: Que teníamos que separarnos y cada uno tenía que seguir con su vida. Pero bueno, de esa historia les voy a contar tal vez en otro libro, ¿vale?, ya que es otra historia: Muy emocionante y con mucha ilusión. Pasamos quince años juntos.

En fin, como todos, cuando tenemos una separación, nos metemos en las redes sociales. En este caso, fue en el *Facebook*. Y ahí leemos y vemos cosas para intentar motivarnos. Vamos, que se nota cuando alguien se separa y está conectado en *Facebook*, se nota directamente que algo le ha pasado, que no está bien. Es muy difícil que engañes, la gente se da cuenta enseguida en el momento que vas posteando, compartiendo mensajes y cosas de estas. También te ayuda un poquito: ves frases motivacionales, ves historias como la tuya, te das cuenta dónde erraste, que tienes que hacer para mejorar para el futuro. Hay cosas positivas y también cosas un poco negativas. Estuve una temporada de mi vida en ellas.

Yo me veo como una persona bastante familiar, muy sentimental. Por decirlo de alguna manera, uno de mis puntos débiles es la familia, es donde más me duele. Toda la vida quise tener una familia, una familia feliz, trabajar mucho, conseguir muchas cosas para mi familia, ofrecerle todo lo mejor posible. Pero, claro, lo que más he conseguido son las cosas materiales. Sin embargo, la parte personal de cariño y afecto no estaba presente. No la podía ofrecer, todo el día estaba trabajando: dos o tres trabajos. Casi nunca recuerdo que tuviera un solo trabajo, casi nunca. Corría de un lado a otro, tenía que controlar el tiempo, controlar altas horas, controlarlo todo…, no sé, así fue mi vida y de momento sigue casi igual, a ver si me espabilo un poquito.

Un motivo muy importante para mí, para no rendirme del todo, fue mi hija Alexandra, fue la clave. Pues sabía que tiene mucho de nuestro lado sentimental, familiar, que le gusta mucho el ambiente familiar y que le duele, y además se parece muchísimo a mí: cuando tiene un sufrimiento, alguna cosa que le está molestando, no está a gusto; pero le cuesta muchísimo decirlo, le gusta más cerrarse en sí misma que contártelo. Lo entiendo perfectamente porque yo fui muy parecido a su edad cuando era chiquito. Casi igual, básicamente. Bueno, mi hija, si no me equivoco, es mucho más fuerte que yo y estaba peor todavía.

Bueno, como estaba compartiendo, pues lo que leía que me gustaba, lo ponía en mi historia. De repente, encontré un texto que me gustó muchísimo. Que decía más o menos esto: *"Si algún día quieres llorar, búscame. No te puedo prometer que te puedo hacer reír. Pero si te puedo prometer, que puedo llorar contigo. Si algún día quieres correr, búscame. Prometo no detenerte, y voy a correr contigo. Si algún día no quieres escuchar a nadie, búscame. Prometo que me voy a quedar calladito el tiempo que tú necesites. Y, si algún día me buscas y no te respondo, ven a buscarme tú. Es posible que yo te necesite".*

Este mensaje lo compartí en mi historia el 7 de enero de 2020. Y el 8 de enero, de repente, veo un mensaje en *Messenger* de parte de Anca que decía esto: "¿Es posible que lo hicieras?

¿Hay alguien así en esta vida?". Me quedé bloqueado en el momento en que leí el mensaje. Le quería decir que antiguamente no fui preguntado y que creo que Cupido me tiró una flecha hace muchos años, y fue la única opción para mí.

Me alcanzó, de los dedos de los pies hasta el último pelo de mi cabeza, una sensación que no puedo explicar. ¿Pero qué sentido tenía? Hacía muchísimo, muchos años.

Para que veas cómo es la vida... He tenido tres grandes amores casi en la misma temporada y tuve que elegir a la persona con la que pensaba que iba a ser feliz todo el tiempo de mi vida. Pero esta vez fue la sensación un poquito más fuerte de lo que sentí antes. Es algo que no esperaba que pudiera sentir una vez más en esta vida. Como si alguien hubiera pulsado un botón para parar el corazón. Porque no tenía oxígeno ya: Sensación de que te vas a morir, pero de amor esta vez. Si cogiera ahora mismo todos los libros que están en una biblioteca para describir estas emociones que me han tocado, creo que sería imposible de encontrar las palabras. Aunque diera la vuelta al mundo. Igual es imposible de buscar, de sentir una emoción tan bonita. ¿Qué hacía? Ser sincero. El estado de ánimo en el que estaba yo (por el suelo, apenas podía levantar la cabeza), de repente, cambió. Sentí una dosis fuerte de adrenalina, de fuerza. De seguir adelante, de levantarme, de saltar de alegría. Y no entendía por qué. No entendía por qué solamente un mensaje que alguien había contestado podía hacerme sentir eso.

De repente se abrió un camino hasta ella. Un camino que para mí fue como una segunda oportunidad, pero esta vez no quería fallar. Sabiendo que era el camino correcto, el camino que lleva a la felicidad que todo el mundo buscamos. Era consciente de que iba a ser un camino muy complicado, muy duro. Lleno de obstáculos. Donde necesitaba bastante fuerza. Y creer en mí mismo. Que Dios me había dado otra oportunidad y tenía que aprovecharla al máximo.

Y esta vez no me quería rendir por nada del mundo. Sin pensar mucho, sin dudar, cogí ese camino que tanta falta me hacía para ver otra vez la luz del túnel. La motivación que todo el mundo buscamos día a día. Para disfrutar de todo lo que es bonito en la vida. El sentimiento de sentirse vivo. Eso es nuestro mejor regalo al levantarse por la mañana; para ver a la gente querida, hacer las cosas que te gusten. Disfrutar, disfrutar mucho. Que mucha gente a veces nos olvidamos de que nuestro mejor regalo es vivir. No hay más.

Cojo el teléfono y empiezo a escribirle: "Hola. ¿EH? O eso creo. Yo por lo menos. Creo que todavía hay este tipo de personas en esta vida. Porque yo soy una de ellas. Por lo menos eso creo por la gente que está alrededor mío, que me lo cuenta. Aunque también es un poquito complicado encontrar este tipo de gente. ¿Por qué no está esa gente? No quieren que la gente alrededor los vea como tontos o débiles. No. Hay personas que son de buen corazón. Pero a día de hoy ya no se valoran estas cosas, por lo que se está perdiendo".

Anca me contesta que está de acuerdo conmigo y que ella hace mucho tiempo que ha dejado de buscar este tipo de gente. Hasta ver ese mensaje teniendo sentido, que si estaba de acuerdo con ello.

Fue algo inesperado. Fue, por una parte, alegría de sentir. Conocer una persona que parece estar de acuerdo con la misma mentalidad que tú pensabas hace poco tiempo, que es algo que le hace sentir mal a él. En este mundo que vivimos en esta vida, te sientes un poco raro por tu pensamiento. ¿O tu forma de ser? Tu forma de hacer las cosas, hay mucha gente alrededor nuestro que la veo un poquito "paradita". Empiezas a sentirte desmotivado.

—Mi consejo es que nunca debes perder la fe. Porque en esta vida lo que he aprendido durante tantos años es que está bien esperar, esperar a la persona que tiene que venir, y vale mucho la pena. Que muchas veces las personas que nosotros buscamos, no lo vemos, y es posible que las tengamos alrededor. Como dice la flor, a veces buscas en otros jardines lo que ya tienes en el tuyo. Es como buscar a una persona especial. ¿Qué te hace sentir vivo?

¿Te sientes especial por vivir? Es complicado. Hace falta muchísima suerte en esta vida para encontrar el amor verdadero. Esa persona que te quiera tal y como eres, sin querer cambiar nada de ti. Simplemente despertarte por la mañana y verla te hace feliz. Eso, cada vez, es más difícil de encontrar.

¿Y qué pasó en ese momento? Me sentí en las nubes, como el más romántico, como si fuera el mejor escritor del mundo, listo para una conversación larga y profunda. Pero no fue así. Recibí un mensaje inesperado: "Estoy ocupada, te escribo más tarde". Me quedé un poco... cortado. Solo pude decir: "Vale, hablamos después, no te preocupes, cuando tengas tiempo".

Capítulo 4

Ya estaba anocheciendo, y me preparé para ir a trabajar. Les dije adiós, les di un beso a mi hija, a mi sobrino, a Elena... Me despedí. Tenía que irme a trabajar con mi cuñado.

Trabajábamos de noche en Madrid, mi cuñado y yo. Pero ese día fue un poco especial para España; parecía un auténtico invierno rumano, por así decirlo. Nevó como no se había visto en casi 50 años, una nevada tan grande y poderosa que los periódicos la llamaron *Filomena*. Por suerte, tenía unas cadenas para las ruedas guardadas en el trastero, así que las fui a buscar y nos preparamos para poner a punto el coche de mi cuñado y salir hacia Madrid.

Mientras íbamos en el coche, le dije: "Oye, creo que es mejor coger el tren, no parece buena idea ir hasta Madrid así, no sabemos con qué nos vamos a encontrar". Pero mi cuñado, optimista, positivo y un poco cabezota, respondió: "No, no. Vamos en coche, que llegamos sin problema". Yo, resignado, acepté: "Vale".

Todo empezó bien, íbamos despacio, con las cadenas puestas, y adelantábamos poco a poco. Pasamos el primer pueblo, y en la primera bajada empezó la diversión. Había cinco o seis coches parados abajo que no podían subir, pero para nosotros, que estábamos acostumbrados a las nevadas desde pequeños, no nos parecía tan difícil ni peligroso. Mientras la gente hablaba de "código rojo", nosotros decíamos: "como mucho, es código amarillo".

Con la experiencia que tenía de conducir en Rumanía durante inviernos así, le di un consejo a mi cuñado sobre cómo bajar con el coche y luego subir la primera cuesta, que era pequeña, y la superamos sin problema. Nos acercamos a la autopista, entramos sin dificultades, y seguimos adelante. Pero cuando pasamos la salida de la Renfe —unos siete u ocho kilómetros más allá—, nos encontramos con una cuesta larguísima. Los tres carriles de la autopista estaban bloqueados con coches, y nadie podía subir. Había gente con niños y hasta un policía ahí parado, pero nadie sabía cómo moverse, y muchos ni siquiera tenían cadenas.

Tras mucho movimiento de coches y maniobras hacia la derecha e izquierda, perdimos más de media hora, pero al final llegamos a Madrid con un poco de retraso. Cambié el turno a mi compañero, quien tampoco sabía si debería salir de ahí o quedarse, porque no estaba seguro de si llegaría a casa con la nevada.

Me puse a hacer lo que tenía que hacer en el garaje: limpiar, preparar el turno…, y cuando llegó la hora de cerrar, lo hice, me senté y saqué mi libro y el teléfono para pasar la noche. Entonces, abrí el teléfono y vi un mensaje: "No puedo escribirte ahora, estoy ocupada".

Luego me envió una foto que nunca habría imaginado. Estaba en el baño de su habitación, con un baño de espuma y una copa de vino en la mano. En ese momento, todo tipo de ideas se me pasaron por la cabeza. Mejor me guardo lo que pensé…

Después de darme un par de bofetadas mentales, vuelvo a la realidad, con los pies en el suelo, y le digo: "Por favor, ten cuidado con el vino, sería una pena desperdiciarlo". No quería que esa copa en el baño acabara en el suelo.

Después, le empiezo a contar un poco cómo ha sido mi día, y entre otras cosas, le explico que me enteré de que su hermano está en un autobús de camino a casa, pero que se ha quedado parado y no puedo contactarle porque parece que se le ha acabado la batería del móvil. Nadie puede saber cómo está.

Salgo de la aplicación y me pongo a buscar una película por internet. Empiezo a verla, pero después de casi media hora, algo dentro de mí no me dejaba tranquilo. No podía quitarme de la cabeza lo que quería decirme. Como soy un poco cabezota, paro la película, cierro todo y vuelvo a la aplicación. Eran más o menos las dos y media de la mañana, y comienzo a escribirle. Le pido disculpas por hacerlo tan tarde, pero le digo que no puedo sacarla de mi cabeza, que no me deja en paz.

Poco después, la veo conectarse y me responde. Me dice que quería escribirme algo, pero que después del baño se fue a su habitación a ver una película y se quedó dormida. Con mis mensajes la había despertado. Lo único que pude hacer fue pedirle perdón por la hora, pero le expliqué que no podía estar tranquilo sin saber qué quería decirme.

Me respondió que ya era muy tarde, y que lo mejor era que descansara, que habláramos al día siguiente. Le dije que no podía dormir y que, si no le importaba, podía llamarla para hablar más rápido que enviando mensajes. Su respuesta fue muy inteligente: me dijo que apenas podía mantener los ojos abiertos para leer mis mensajes, y que no estaba en condiciones de hablar por teléfono a esas horas.

Muy ingeniosa por su parte. Para calmar mi insistencia, me dijo que no quería hablar de nada concreto, que estuviera tranquilo y que me fuera a dormir. En ese momento me di cuenta de cuánta esperanza tenía de tener una conversación larga y directa con ella. Me despedí, le di las buenas noches y le dije que podía escribirme cuando quisiera, cualquier día, a cualquier hora, que a mí no me importaba.

Salí de la aplicación y volví a la película que estaba viendo. Al poco rato, me llega otro mensaje. Era sobre lo que le había contado antes, sobre su hermano. Quería saber qué tal estaba y me dijo que iría por la mañana a la estación para ver si había alguna novedad. Al principio, pensé que me llamaría a mí, lo cual me hizo ilusión, pero en realidad se refería a que llamaría a su hermano, no a mí.

Cuando ya pensaba que la conversación había terminado por esa noche, de repente me volvió a mandar un mensaje. Decía algo como: "¿Es así? ¿Y por qué?". Se refería a uno de mis mensajes anteriores, en el que me dejé llevar por los sentimientos, abrí mi corazón y reuní fuerzas para decirle que, durante nuestra charla por Messenger, había tenido sentimientos muy bonitos y profundos.

Por un lado, le alegró escuchar esas palabras, pero por otro, me dijo que no exagerara tanto. Después me explicó un poco por qué no me había contestado en la misma noche: había salido a pasear por la montaña, hacía bastante frío y, al regresar a casa, se dio un baño caliente. Luego se puso a ver una película y se quedó dormida.

Cuando empezó a escuchar mis mensajes, que eran bastantes, fue cierto que la desperté. Me di cuenta de que al escribirle no podía expresar mis sentimientos de la manera que quería, así que decidí empezar a mandarle audios. Es más fácil expresar los sentimientos por audio, pero también tiene sus riesgos. Cuando escribes, puedes borrar y corregir antes de enviar, pero una vez que mandas un audio, ya es demasiado tarde para arrepentirse.

Así que, después de pensar un poco, me decidí a expresar mis sentimientos en audios, pero con mucho cuidado, porque no hay vuelta atrás. Lo digo porque volví a escuchar algunos mensajes que le mandé y, madre mía, ¡qué desastre! Parecía un niño de catorce años recién enamorado. Fatal, fatal. Mi intención era abrirme y tratar de captar su atención, pero estoy seguro de que con cada mensaje la alejaba más y más. Eso no jugó a mi favor.

Al final, le mandé como cuatro horas de conversación en audios. Los primeros tres intentaban explicar por qué estaba tan inquieto y por qué no podía esperar más para hablar con ella. Empecé diciéndole que todo había comenzado por esa historia que compartí, y entonces ella me mandó un mensaje.

Le conté que conozco un poco su historia, por algunas fotos que me mostró su hermana Elena en su negocio, esa pequeña pensión que tienen en Italia. Me parece muy bonito lo que han logrado, y la idea de negocio también me gustó mucho. Era algo que yo quería hacer hace tiempo en Rumanía, pero por cobardía lo dejé de lado. Ahora, después de lo que la vida me ha enseñado que a veces no es tan bonita y te puede dar golpes duros, quiero volver a intentarlo, coger fuerzas y hacer aquello que siempre quise.

Cuando escuchó que la vida me había dado un golpe fuerte, me preguntó qué había pasado. Le conté un poco sobre la situación, pero antes de todo, le dije que no me malentendiera, que no quería que pensara que me hacía la víctima ni que buscaba dar pena. Le expliqué que hay personas que, al pasar por un mal momento, buscan que otros les tengan lástima, pero ese no era mi caso.

Le conté que, más o menos hace dos años mí exmujer me dijo que quería que nos separamos y que cada uno vaya por su camino.

Uno de los motivos que la llevó a tomar esa decisión fue el echo de no estar mucho tiempo en casa.

Otro motivo y la gota que llenó el vaso fueron mis múltiples escenas de celos.

Aunque en ese momento yo no veía las cosas así, hoy dos años después sé que mi deseo de sacar adelante mi familia y conseguir que no le falte nada, lo que hizo fue alejarme de ella y terminar por perderla.

No quiero alargarme más con esta historia ni hablar más del divorcio, porque eso lo contaré en otro libro, como ya dije.

Después de contarle cómo llegó el golpe fuerte de la vida, le expliqué un poco mi situación actual. Le dije que ya no vivía en la casa donde pagaba la hipoteca, donde está mi exmujer y mi hija, y que estaba esperando a que me salieran los papeles de un nuevo piso, que será mi casa y también la de mi hija cuando quiera venir. Un lugar donde pueda estar conmigo, para comer, jugar, divertirse o simplemente pasar el rato. Una casa más para ella, porque en ese momento sentía que era importante estar cerca para apoyarla, darle fuerza y que entendiera que no era su culpa. Quería que supiera que la vida sigue, que es bonita y que cada uno debe vivir con sus errores, pero ella no tenía nada que ver con lo que había pasado.

También le conté que ahora me tocaba trabajar muchísimo, muy duro, porque tenía que pagar la hipoteca de la casa anterior y, pronto, la de mi nuevo piso, además de compartir gastos de manutención. Todo se acumulaba y era demasiado, así que necesitaba tener al menos dos trabajos para salir adelante mes a mes. Estaba viviendo con esa carga a cuestas y no podía rendirme.

Le dije que, en parte, todo esto era culpa mía, porque durante mucho tiempo me dediqué exclusivamente a trabajar, tratando de ofrecerle a mi familia cosas que yo no tuve en mi infancia. Pero eso significaba estar todo el día, de mañana a noche, trabajando para pagar hipotecas y créditos, buscando un futuro mejor. Mi idea de la vida siempre fue tener una familia bonita, que no le falte de nada. Pero, claro, no me di cuenta de que lo más difícil no es conseguir una familia, sino mantenerla unida. Me di cuenta demasiado tarde, después de treinta y ocho años de vida, pero bueno, nunca es tarde para aprender.

Tras varios audios explicándole todo esto, me respondió. Me dijo que lo sentía muchísimo, que ahora entendía mejor quién soy. Al principio no estaba muy centrada, pero después de escucharme, todo le quedó más claro.

Después de esas palabras que me dijo, seguí contándole mi idea de vida. No se trataba solo de trabajar, trabajar y trabajar. Siempre quise tener algo básico: una casita, un coche pequeño, una situación financiera estable y, después, disfrutar de la vida lo mejor que pudiera. Pero todo cambió con mi exmujer. Ella se quedó en casa con nuestra hija, porque no podíamos trabajar los dos sin alguien que cuidara de ella. Así que tomamos la decisión de que uno se quedara en casa y el otro siguiera trabajando. Claro, fui yo quien siguió trabajando, no me iba a quedar en casa. Eso significó trabajar más horas para cubrir todos los gastos que teníamos: la hipoteca, los préstamos…, lo que decía: una locura.

Al principio, ella solo tenía un trabajo los fines de semana, unas diez horas semanales. Pero cuando las cosas empezaron a estabilizarse un poco, ella consiguió un empleo a tiempo completo, y finalmente pude reducir mis horas de trabajo. Por fin podría dedicar más tiempo a mi *hobby* de entrenador de fútbol y tener una vida más normal. En ese momento pensé que todo estaba volviendo a su cauce, que por fin tendría tiempo libre los fines de semana para pasar con ella. Pero entonces, me llegó el golpe más inesperado de mi vida.

Hasta el día de hoy, todavía no lo entiendo. Nunca fui un hombre que se fuera con prostitutas, no me gustaba el alcohol, no fumaba. No creo haber descuidado a mi familia. Trabajaba duro para intentar ofrecerles todo lo que yo no tuve. Mi idea siempre fue ofrecerles todo lo que pudiera en esta vida. Tal vez mi error fue dedicarme tanto al trabajo y descuidar otros aspectos importantes de la familia. Pero una cosa que tengo clara es que, si no te sacrificas un poco más en esta vida, no puedes conseguir nada. ¿Cómo vas a obtener algo sin esfuerzo? No sé otra forma. Es muy difícil empezar desde cero.

Cuando llegué a España, solo tenía una maleta con algo de ropa, y desde ahí empecé poco a poco. Compré un tenedor, luego un plato, todo lo que necesitaba. Empecé desde cero, absolutamente desde abajo. Así es la vida. Te da golpes, pero uno tiene que aprender a disfrutar de cada experiencia, porque la vida es bonita. Lo que he aprendido en estos años es que nada es imposible si pones ganas, mucho esfuerzo y sacrificio. Esa es la idea de vida que quiero transmitir a mi hija. Que entienda que en esta vida, si realmente deseas algo y no dejas de perseguirlo, lo puedes conseguir.

Es por eso que me parece tan importante tener a alguien a tu lado que te acompañe en este camino, que crea en ti, que te apoye en todo momento y que nunca te deje solo. Esa es una de las claves de la vida. Encontrar a alguien que crea en lo que tú quieres y que te siga hasta el final. Para mí, eso es de lo más importante que hay en esta vida. Ese es el tipo de sentimiento que muchas veces no tuve de parte de mi exmujer. Fue complicado superar ciertos obstáculos en la vida sin ese apoyo.

Ahí me di cuenta de lo importante que es tener a alguien cerca, alguien en quien puedas confiar y que te respalde en lo que sea que quieras hacer. Y claro, también es importante que tú hagas lo mismo por esa persona. Es un apoyo mutuo, y eso es lo que hace que una relación funcione.

Después de contarle todo esto, ella me respondió que, con mucho trabajo, nada es imposible. Y al escuchar esas palabras, sentí que había encontrado a alguien que me entendía, que compartía la misma visión de la vida. Por un momento, sentí una satisfacción plena, como si hubiera encontrado lo que tanto tiempo había estado buscando. Me quedé un poco bloqueado, pero al mismo tiempo satisfecho, sabiendo que había alguien ahí que podría ser esa persona que he estado deseando y buscando durante tanto tiempo.

Bueno, por esta noche me detengo aquí, no por otro motivo más que porque me he quedado sin hojas para seguir escribiendo. Así que el lunes continuamos esta historia, que algunos llamarán locura, otros amor, una nueva oportunidad o un camino nuevo. Una nueva vida.

Bueno, he regresado esta vez mejor preparado, con más hojas para escribir, así que espero tener suficiente. Después de darme cuenta de que Anca y yo compartíamos algunas ideas y criterios de la vida, ella me preguntó: "¿Eres tú quien me llevó de regreso algunos años atrás, cuando volví a ver a mi madre?". En ese momento, me sentí como un superhéroe. Volví a revivir el momento en el jardín de su casa, cuando le dije por primera vez que no podía acompañarla porque debía madrugar al día siguiente para preparar mi regreso a España.

Pero esas palabras solo las dije para que la gente cercana que nos rodeaba no pensara que algo raro estaba pasando. Solo quería evitar que otros se metieran y para no tener que dar más explicaciones.

Cuando Elena se dio cuenta de que, en lugar de tomar el camino hacia Brasov, había elegido la ruta que iba hacia la casa donde estaba su madre, supe que tenía que ser sincero. Me abrí un poco más y le dije si ella (Anca) tenía al menos la mitad de las cualidades que yo buscaba en una mujer, no dudaría en intentar conquistarla.

Después de recordarle ese momento, me respondió que ese fue un momento clave en su vida y que me lo agradecía mucho. A lo que yo le respondí que me alegraba haber podido ayudarla de alguna manera en ese momento. También le mencioné que, hoy en día, poca gente es capaz de agradecer cuando alguien los ayuda o les dedica su tiempo. Es raro ver a personas, incluso amigos o familiares, dar las gracias cuando les ofreces tu ayuda, y no entiendo por qué. Agradecer no cuesta nada, no es un sacrificio, es simplemente ser educado en esta vida.

En ese momento, me llené de confianza, respiré hondo y le dije, sin barreras y sin miedo, que me parecía una persona muy interesante y que me encantaría conocerla mejor, si era posible. Sentí como si me hubiera quitado un peso de encima, como si me hubiera deshecho de una piedra que no sabía cómo cargar o cómo expresar. Sin embargo, esa misma noche no me respondió a esa confesión.

Después de eso, comenzamos a compartir experiencias y opiniones sobre muchos problemas que encontramos en la vida. Uno de esos temas fue el de las personas cercanas, familiares, que a veces te piden ayuda pero no te valoran realmente. Ella me dijo que le costaba decir "no" a esas personas, aunque no lo merecieran. Siempre terminaba cediendo, a pesar de que sabía que no recibiría nada a cambio, ni siquiera un poco de aprecio.

Le conté que, en mi vida, nunca esperé nada de esas personas. Una vez, puse a prueba a algunos, solo para ver qué tan dispuestos estaban a sacrificarse por mí, de la misma manera en que yo lo hacía por ellos. Y el resultado fue desastroso.

Ella me dijo que debía ser firme y aprender a decir "no", sin remordimientos ni dudas. Le respondí que lo intentaría, no podía prometerlo al cien por cien, pero que desde ese momento trataría de poner límites a ese tipo de personas.

Hablamos también sobre aquellos amigos y familiares que, cuando no te va bien en la vida, parecen disfrutar viéndote caer, viéndote sufrir. Nunca he entendido esa envidia y maldad. En esta vida hay suficiente para todos, no es necesario desearle mal a alguien. Si quieres algo, puedes conseguirlo con trabajo y sacrificio, como lo hice yo. Cualquiera puede lograrlo, si está dispuesto a esforzarse.

En ese momento, le conté un pequeño secreto: cuando alguien me dice que no puedo lograr algo, eso tiene un efecto contrario en mí. Me motiva más, me da más fuerza para demostrarle que sí puedo hacerlo. Nunca me rendiré y jamás confiaré en las personas que no creen en mí.

Después, le dije que estaba en un nuevo camino, un capítulo diferente de mi vida. Esta vez iba a ser más cuidadoso con las personas que dejaría entrar en mi círculo y a quién ayudaría a partir de ahora. Lo tenía muy claro. Pasamos un buen rato hablando sobre lo que nos gustaba, los deportes, las cosas que preferíamos hacer, nuestras bebidas favoritas, y cómo cada uno de nosotros disfrutaba de su tiempo libre.

Tanto ella como yo coincidimos en que, lamentablemente, no tenemos mucho tiempo libre, dado el trabajo y los objetivos de cada uno. No nos queda espacio para descansar o desconectar un poco. También hablamos de esos clientes que nunca están satisfechos, da igual lo que hagas o intentes, siempre encuentran algo que no les gusta. Nos preguntamos cómo encontrar la paz y la fuerza para superar esos problemas.

Lo sorprendente fue que sus respuestas siempre fueron positivas. No noté ni un solo momento de duda o debilidad en ella. Todo parecía estar perfectamente bajo control. Era increíble la tranquilidad que transmitía, la inteligencia con la que manejaba situaciones difíciles, y cómo sabía encontrar el punto exacto para darle la vuelta a las cosas a su favor. Cada vez que hablaba con ella, me inspiraba. Esa paz y optimismo me encantaban, y creo que son valores importantes cuando eliges seguir adelante en la vida.

Cuanto más hablábamos, más me gustaba su forma de ver las cosas. Me llenaba de ánimo y confianza. Así que, en un momento dado, decidí abrirle un poco más mi corazón. Le dije que me parecía una persona fascinante, increíble, y que me interesaba mucho conocerla mejor, si se daba la oportunidad en algún momento de nuestras vidas.

Su respuesta no fue exactamente lo que me habría gustado escuchar. Me explicó que, en ese momento de su vida, debido a las decisiones que había tomado para llegar donde estaba, tenía muchas responsabilidades. No tenía tiempo para una relación, y además, no le gustaban las relaciones a distancia. Para ella, no funcionaban.

Para mí, fue como un "jaque mate", un *knockout*, por decirlo de alguna manera. Había reunido fuerzas, confianza, y me había abierto sinceramente, esperando que mi honestidad fuera apreciada. Pero no esperaba que mi franqueza la asustara o la alejara. Nunca pensé que ser tan directo podría causar ese efecto.

Claro, me di cuenta de que no debería haber actuado así, tan de frente. Asustaría a cualquiera, y tendría que haber ido poco a poco, como quien pone un poco de madera en el fuego hasta que se enciende de verdad. Pero en ese momento, mientras hablaba con ella, sentí como si de repente hubiera despertado una parte de mí que había estado dormida mucho tiempo: Esa persona más loca, más atrevida, más vibrante, que parecía haber desaparecido por completo. Y, de pronto, sin saber cómo ni por qué, ¡boom!: Esa persona renació.

Para mí, fue como si la vida me estuviera dando una segunda oportunidad, quizá la última, para aferrarme con fuerza y seguir adelante. Sentía que tenía la oportunidad de encontrar esa felicidad que mucha gente busca toda su vida sin éxito, y no quería perderla. Me aferré a la idea de que podía trabajar duro para no dejarla escapar. Tenía tantas ganas de amar a alguien con toda mi alma, pero también deseaba que alguien me amara igual. Alguien que me quisiera tal y como soy, sin intentar cambiarme. No es algo tan descabellado, ¿verdad?

Pensaba que si me abría completamente con ella, si le decía lo que realmente sentía desde el fondo de mi ser, eso la acercaría más a mí. Esperaba que apreciara mi valentía al ser tan honesto y directo, incluso si no nos conocíamos tan bien. Pero lo que pasó fue justo lo contrario. En lugar de atraerla, parecía que la estaba alejando más. El fuego que intentaba avivar, poco a poco se fue apagando.

Cada frase que usaba para tratar de convencerla, para darle una razón para conocernos mejor, parecía no tener ningún efecto en ella. Era como si estuviera frente a una estatua, inmóvil, sin ganas de escuchar nada. Parecía una persona tan segura de lo que quería, tan firme en su decisión, que nada la haría cambiar de opinión.

Eso, para mí, fue un desafío. Algo en mí se despertó aún más, algo que no me permitía rendirme tan fácilmente. Tomé su rechazo como un impulso para intentarlo aún más. Me esforzaría más. Sentía que, en la vida, todas las decisiones tienen dos posibles efectos: uno positivo y otro negativo. El positivo, en este caso, sería que ella viera cuánto estaba luchando por estar con ella, cuánto esfuerzo estaba poniendo en superar cualquier obstáculo que se interpusiera en mi camino. Quizás, al final, podría apreciar todo eso y cambiar de opinión.

O la parte negativa es que esa persona puede tomar todos tus intentos y esfuerzos como una molestia, y cada vez que lo intentes, se sentirá agobiada. Tanto que, al escuchar tu nombre, salga corriendo a toda velocidad. En serio, y con algo de humor, descubrí algunas cosas más que le gustaban. Pero esa misma noche, algo cambió en mí. Algo que, a mi edad, nunca pensé que podría pasar: empecé a leer. Sí, me has escuchado bien. Decidí emprender el camino de la lectura.

Ten en cuenta que soy alguien que siempre ha preferido salir al parque con los niños, jugar con ellos y sumergirme en su mundo. A veces, no parezco un adulto, sino un niño más. Y quizás fue el sentimiento que tuve al hablar con ella, su manera de escribir, la forma en que combinaba las palabras en los mensajes, lo que me motivó a mejorar. Quería ser una versión mucho mejor de mí mismo. Y, claro, no puedes esperar tener a alguien con ciertos valores y características a tu lado si tú no estás dispuesto a ofrecer algo a cambio.

En este aspecto, tuve que reforzarme bastante. Leer libros siempre ha sido difícil para mí, porque después de dos o tres páginas, me quedo dormido. Pero nada es imposible. Si deseas estar al lado de alguien que tiene un alto nivel, tú también debes esforzarte por alcanzarlo. No necesariamente llegar al mismo nivel, pero sí intentarlo. Cuando compartes la misma idea y el mismo camino en la vida, es mucho más fácil entender lo que la otra persona quiere.

Y no hay nada de malo en esforzarse por conseguir algo. Nunca hay que perder la confianza en esa persona que eres tú mismo.

Otro momento importante de nuestra conversación fue cuando me habló del "libro de la vida". Me dijo que cada uno de nosotros escribe sus propias páginas y pone los colores que considera. Todo depende de nosotros, si queremos que sea más colorido, más grueso, o más bonito. Todo está en nuestras manos. Me confesó que uno de los capítulos más bonitos y coloridos de su vida fue cuando viajó sola. Disfrutó muchísimo más de esos viajes que cuando iba acompañada de alguien. Aunque fue con amigas o amigos, nunca en plan enamorada, esos momentos le brindaron recuerdos increíbles.

Por dentro, me sentí algo alegre al escuchar esto. Porque una persona que apenas conocía me contaba esas cosas que usualmente uno solo comparte con alguien cercano. Sentí una conexión de confianza, como si la conociera de toda la vida. Era un sentimiento tan reconfortante, tan natural, que me hacía ver la vida desde otro ángulo, con un color y sentido mucho mejores que antes de hablar con ella.

Sin embargo, cada vez que nuestra conversación se extendía, también sentía que un muro se construía entre nosotros, y parecía que ese muro crecía con el tiempo. Sabía que debía derribarlo, pero cuanto más lo intentaba, más alto parecía hacerse. Parecía que la vida había puesto muchos obstáculos en su camino, y eso la había endurecido, volviéndola más fría por fuera. Pero estoy seguro de que, en su interior, tiene un corazón blando, bonito y lleno de pureza.

¿Qué busca una persona que no se deja amar? Solo parecía que tenía muchísimo miedo de sufrir otra vez, lo que seguramente ya le había pasado antes. Creo que eran alrededor de las cinco y media de la mañana cuando me dijo que iba a levantarse, que ya no podía dormir, y que tenía que empezar con las tareas en casa. También creo que tiene la costumbre de madrugar para preparar todo lo que tiene que hacer. Me di cuenta de que, de alguna forma, le había robado el sueño.

Fue una noche increíble. Normalmente, nadie consigue mantenerme despierto tanto tiempo, y mucho menos interesado en conocer a alguien más. Siempre, si no estoy activo, si no hago algo, me duermo de inmediato. No aguanto mucho sin hacer nada. Pero con ella fue diferente. Dentro de mí, sentía que no quería que esa conversación terminara. Estaba tan cómodo, tan a gusto, que deseaba que el tiempo se detuviera. No quería que ese momento se acabara nunca, quería seguir hablando con ella hasta el infinito.

Hacía mucho, muchísimo tiempo que no me sentía así

con nadie. Pero luego volví a la realidad, para mi desgracia, y le dije "adiós". Le agradecí por el tiempo compartido, le dije que había sido un placer hablar con ella y que, cuando quisiera o necesitara conversar, solo tenía que darme una señal. No importaba la hora, el día o el momento, yo estaría dispuesto a hablar con ella.

Capítulo 5

Logré aguantar un día entero sin escribirle, pero mis pensamientos seguían centrados en ella desde el mismo momento en que nos despedimos. Me sentía como enamorado otra vez, algo que no creía posible a mi edad. Era una sensación como la de un joven que acaba de enamorarse. Así que cogí mi móvil y empecé a escribir, sin miedo, todos los sentimientos que tenía. Le mandé un mensaje sincero, abierto, sin ocultar nada.

Pasaron más de doce horas desde que le envié el mensaje. Finalmente, me respondió, diciéndome que acababa de regresar de una caminata por el monte. Me agradeció por lo que le había escrito, pero me recordó que en este momento de su vida no podía ni quería una relación. "No necesitaba más obligaciones ni dolores de cabeza", como ella misma lo dijo. Me explicó que su negocio y las decisiones que ha tomado en su vida requieren toda su atención, y que no tiene espacio para otras cosas en este momento.

Me lo explicó de una manera tan clara, con tanta bondad y belleza, que no pude malinterpretarla. Me dijo que le alegraba saber que hay personas que no se rinden tan fácilmente, personas que, a pesar de haber caído, se levantan y siguen adelante con determinación. Pero también me dejó claro que era una persona muy complicada, independiente y autónoma, y que eso la hacía difícil de tratar. No podía hacer promesas que luego no pudiera cumplir.

Me dijo que podíamos hablar cuando yo quisiera, que podía llamarla, pero que no me prometía responder siempre, porque tenía días muy ocupados. Sin embargo, cada vez que pudiera, me contestaría. Y me pidió que estuviera tranquilo, porque estaba segura de que algún día encontraré a alguien que me quiera como merezco, porque pensaba que soy una buena persona. Me lo dijo de todo corazón.

Cuando tuve la oportunidad, le mencioné el mensaje en el que me contó que había regresado de una caminata por la montaña, y le conté que, cuando trabajaba en Braşov, en el hotel Alpin, a veces me sentía muy agobiado y triste por algunos problemas del trabajo o de la vida. En esos momentos, me sentía solo. Solía salir a una enorme terraza que tenía el restaurante, con una vista preciosa, increíble, sobre toda Braşov. Me acercaba a una esquina, miraba profundamente y respiraba hondo, llenando mi pecho de aire. Al mirar, me daba cuenta de lo hermosa y perfecta que es la vida, y de que no necesitamos tantas cosas para disfrutarla.

A veces me ponía a cantar canciones, algo para desahogarme sin tener que hacerlo con las personas que en ese momento me causaban rabia. Eso me ayudó muchísimo durante años, a superar los obstáculos que la vida me ponía en el camino. Le conté también que le tenía envidia de la buena por el lugar donde vivía ahora. Me parecía un paraíso. Ya sea en Italia o en cualquier otro sitio, dentro del corazón de la montaña, creo que es un privilegio vivir en medio de la naturaleza. Eso es pura felicidad.

Le agradecí por tomarse el tiempo de contestarme y le dije que no quería que se detuviera en lo que estaba haciendo. Que siguiera hasta el final, porque me parece que ha elegido un camino bonito, aunque difícil y lleno de obstáculos. Estoy seguro de que, al final, disfrutará muchísimo y todo saldrá bien. También le dejé claro que no quería cambiarla ni que cambiara nada por mí, porque para mí, ya es perfecta tal como es.

En los días siguientes, las cosas no fueron tan bien como esperaba en nuestras conversaciones. Fue, en realidad, un desastre. Parecía que esa versión más joven y más loca de mí había tomado el control, y como era de esperar, terminó en una catástrofe mundial. Lo digo porque, con todo lo que sentía en esos días, con todo lo que pasaba por mi cabeza, no lo pensaba mucho antes de coger el teléfono y escribirle mensajes. No me daba cuenta de que esos mensajes podían malinterpretarse y alejarla más de mí, en lugar de acercarnos.

Había momentos en la noche en los que me despertaba, con algo dentro de mí que me emocionaba tanto que no podía resistir la necesidad de decirle lo que sentía en esos mismos instantes. Es una sensación preciosa, creer que puedes volver a amar. Te motiva mucho a seguir adelante, incluso cuando el camino parece difícil.

Por supuesto, intenté convencerla de que no debía cerrarse tanto, que no todos los hombres son iguales. Hay hombres buenos, aparte de aquellos que la hicieron sufrir. Y aunque los malos hombres que tuvo en su vida dejaron cicatrices profundas, no todos somos así. Creo que ese dolor que ha experimentado la llevó a cerrarse cada vez más, manteniendo su corazón protegido detrás de una puerta que parecía imposible de abrir.

Los días pasaban y nuestras conversaciones se volvían cada vez más cortas. Bueno, al menos por su parte. Por mi parte, todo seguía igual; seguía escribiendo mucho todos los días, algo que a veces me sorprendía a mí mismo. Me preguntaba de dónde salía esa capacidad de conversar y escribir tantas cosas, especialmente para alguien como yo, que no estaba acostumbrado a este tipo de situaciones.

Viendo cómo iban las cosas entre nosotros, yo quería hablar más y más con ella, mientras que ella parecía ir en la dirección contraria. Entonces, pensé: ¿por qué no darle una sorpresa? Se me ocurrió hacerle una visita inesperada a Italia. Se acercaba el catorce de febrero, y creí que este detalle podría cambiar su actitud hacia mí. Sin pensarlo mucho más, cogí el teléfono y reservé un billete de avión para el trece de febrero. Mi plan era llegar a su casa alrededor del mediodía. También alquilé un coche en el aeropuerto para no perderme en Italia, ya que no conocía el país.

Con el corazón en la mano y respirando hondo, sentí que el primer paso ya estaba hecho. Ahora tenía que pensar en el segundo. No lo pensé demasiado y decidí llamar a mi hermano para contarle sobre la locura que se me había ocurrido y que quería hacer sí o sí.

No me respondió en ese momento porque estaba muy ocupado con los horarios y entrenamientos del club donde trabajaba, el Atlético de Madrid. Le dejé un mensaje, explicándole que tenía algo importante que contarle y que necesitaba sus consejos.

Finalmente, me llamó. Me preguntó qué me pasaba, que tenía un rato libre y que quería saber qué me preocupaba. Así que comencé a contarle toda la historia, explicándole lo que tenía en mente. Cuando terminé de contarle todo, lo primero que me dijo fue: "Eso es una locura". Pero luego añadió: "Si eso es lo que sientes y lo que realmente quieres hacer, entonces hazlo. Es mejor hacer algo que sientes, que pasar toda la vida arrepintiéndote de no haberlo intentado".

Como buen hermano, me quiso advertir sobre las tres posibilidades que esta locura podía traer. Me dijo que esta experiencia podía tener tres finales. El primero, y quizás el más probable: que llegara allí, que la sorpresa no le gustara nada, y que se cabreara tanto que me echara lo más rápido posible. El segundo: que ella apreciara el detalle, pero que no quisiera tener nada más conmigo ni seguir ninguna historia de amor. Sin embargo, podía tener la suerte de vivir una noche de locura amorosa y nada más. Y el tercero, el mejor de todos, que todo saliera fenomenal, que le encantara la sorpresa y que esto fuera el comienzo de una hermosa historia de amor, la más bonita del mundo.

Por supuesto, mi cabeza solo se centró en la tercera posibilidad. No quería ni pensar en las otras dos. La primera y la segunda ni siquiera las consideraba, no quería imaginar que algo así pudiera pasar. Estaba tan ilusionado, tan enamorado, que solo tenía ojos para ese tercer final. Era el único que aceptaba en ese momento.

Así que, conversando con mi hermano, hicimos un plan, como si se tratara de una estrategia de ataque. Un plan para conquistar ese gran amor que quería lograr. Mi hermano me planteó tres fases. La primera fase consistía en que tenía que ponerme las pilas y adelgazar lo máximo posible. Tenía que estar en forma, sabiendo que no era precisamente el hombre más guapo del mundo, pero al menos podía tener un cuerpo atractivo para compensar un poco. Sabía que el contraste con ella sería notable, así que debía hacer mi parte.

Además, mientras trabajaba en eso, también tenía que ocuparme de otros asuntos. Tenía que pintar el piso, ya que no podía permitirme contratar a alguien, así que debía hacerlo yo mismo. Comencé a correr todos los días, entre siete y ocho kilómetros. Un día sí, otro día salía a caminar, y al siguiente cogía la bicicleta, recorriendo la misma distancia o incluso más, llegando a hacer entre dieciséis y veinte kilómetros con la bici. Aparte de todo eso, cuando volvía a casa, hacía una sesión de abdominales de cuarenta a cuarenta y cinco minutos. En resumen, dedicaba al menos una hora y media de entrenamiento diario, hasta la fecha del viaje.

La fase dos trataba de mejorar en varios aspectos: el lenguaje, la vestimenta y cómo comportarme. La idea era no parecer tan desaliñado, sino proyectar una imagen de persona adulta, con clase, por decirlo así. Digo esto porque llevaba mucho tiempo sin intentar ligar ni hablar con alguien con esas intenciones. Ya había dejado eso atrás hacía muchos años, y me sentía fuera de práctica. Mi vocabulario en ese tipo de conversaciones estaba muy muy anticuado.

Fase tres: consistía en planear qué haría desde el primer momento en que llegara allí hasta que tuviera que regresar a España.

Capítulo 6

Una vez que habíamos trazado las tres fases de la "Operación Locura", me puse manos a la obra con la primera fase, que, siendo sincero, fue la más difícil de todas. Pero, en ese momento, nada me parecía imposible. Hasta cruzar montañas, mares u océanos me parecía una tarea fácil. No veía ningún límite que pudiera detenerme. Así, los días pasaban uno tras otro, y mantenía la misma ilusión. Me despertaba con ganas, esperando que el tiempo pasara más rápido, deseando llegar al final de la fase uno para estar más cerca de las fases dos y tres.

Los días volaban. Como estaba tan ocupado desde la mañana hasta la noche, el tiempo también se me escapaba rápidamente. De repente, me di cuenta de que ya era miércoles por la noche, y estaba en el trabajo, a solo unos días de hacer lo que para muchos sería una locura, pero que para mí era algo que debía realizar, una intuición que me dictaba el corazón, y que tenía que cumplir sí o sí. Sentía que debía seguir adelante, pasara lo que pasara.

Pero cuando todo parecía ir conforme al plan, cuando las fases estaban en marcha, algo inesperado sucedió. Me vi obligado a cancelar la reserva del coche y cambiar el vuelo. ¿Por qué? Porque esa misma mañana, mi encargado en el trabajo me cambió el horario debido a la pandemia.

El cambio en el horario implicaba que tendría más días libres durante la semana, pero debía recuperar esas horas el fin de semana. En otras palabras, libraba tres días entre semana, pero los fines de semana tenía que hacer dos turnos de dieciséis horas, lo que era una opción que no podía rechazar. Por la pandemia, los entrenamientos con el primer equipo de fútbol no se realizaban, lo que significaba que no cobraba. La escuela de fútbol donde trabajaba con otro equipo tampoco estaba operativa, así que no recibía ingresos por ese lado. En resumen, todos los ingresos que solía tener se habían reducido drásticamente, y estaba muy justo para llegar a fin de mes. Bastante bastante justo, la verdad.

Pero, a pesar de todo esto, no me dejé asustar. Sabía que se estaba volviendo más difícil, pero cuando crees y sientes que estás en el camino correcto, nada ni nadie puede detenerte. Yo confiaba en que todo iba a salir bien, y esa fe me impulsaba a seguir adelante.

Entonces me puse a pensar. Ya no podía viajar debido al cambio de horario, y además, el vuelo que quería ya no estaba disponible. Todo por culpa de la pandemia. Necesitaba encontrar otra opción para poder conocer a esa persona que tanto deseaba ver. Solo la había visto una vez, hace ocho años, y sentía que me volvería loco si no la veía pronto. Necesitaba conocerla, abrazarla... Y, claro, si era posible, darle un pequeño beso. Quería sentir esos labios tan perfectos y deseados.

La idea de ese beso me parecía una posibilidad real, algo que podía lograr en ese viaje a lo que yo consideraba un paraíso. Viajar con la esperanza de sentir esos labios dulces y hermosos era lo que me motivaba.

La única opción disponible que me quedaba para hacer este "viaje de locura" era conducir. Eso significaba estar al volante durante más o menos 32 horas de ida y otras 32 de vuelta. Un viaje largo, lleno de descansos para ir al baño, dormir, comer y beber. Y, aunque parecía una locura más, como todas las anteriores, no me echaba atrás.

Hasta ahí todo parecía ir bien, si lo mirabas con ojos de optimista. Seguramente te estarás preguntando: ¿cuántos días pensabas quedarte ahí? Bueno, si calculamos que solo el viaje de ida y vuelta me tomaría casi dos días y medio, la realidad es que me quedaría menos de un día. Ese era el tiempo que podría estar con ella antes de regresar para llegar a tiempo al trabajo.

Te explicaré por qué. La semana anterior, más o menos un miércoles, mi jefe me llamó para pedirme que llegara un poco más temprano al trabajo porque quería hablar conmigo sobre algunos asuntos del horario. Puedes imaginar lo que pasó por mi cabeza al recibir esa noticia. Mil ideas se cruzaron en mi mente: ¿por qué quiere hablar conmigo? ¿Qué estará pasando?

Nos sentamos a la mesa y me dijo que había estado pensando en una solución, dándole vueltas al asunto, hasta que decidió que lo mejor, tanto para la empresa como para mí, era cambiarme el horario. El compañero que trabajaba los fines de semana ya no vendría, y alguien debía cubrir ese espacio. Me explicó que, con el nuevo horario, tendría tres días libres durante la semana, pero debía recuperar esas horas el fin de semana, haciendo turnos largos de diceciséis horas.

Me preguntó si me gustaba esa opción, y me dejó claro que la alternativa sería ir al paro o que me despidieran. En medio de la pandemia, no había muchas opciones, así que no tuve más remedio que aceptar.

Una vez que cambió mi horario, me di cuenta de que el vuelo que había reservado ya estaba perdido. Así que pensé: si salgo el domingo a las tres de la tarde, cuando termine mi turno de trabajo, podría llegar a Italia al día siguiente, más o menos a las nueve o diez de la noche. Podría darme una ducha, descansar un par de horas, y dormir unas cinco horas más.

Quería despertarme temprano porque sabía que ella tenía la costumbre de levantarse siempre a la misma hora, sobre las 6 de la mañana, aunque no hubiera huéspedes en la pensión o el hotel que dirigía. Quería estar con ella desde el primer café de la mañana, sin importar lo cansado que estuviera o si apenas podía mantenerme de pie. Solo quería pasar el mayor tiempo posible con ella.

¿Y después del café? Pues me quedaban unas ocho horas más o menos para conocerla mejor. La verdad es que el lugar donde vivía, rodeado de paisajes paradisíacos, me hacía pensar en mil cosas que quería hacer. Pero solo tendría esas 8 horas, porque después debía volver a España, y tenía el tiempo justo para llegar directamente al trabajo. Necesitaba estar allí a tiempo para relevar a mi compañero, que debía irse a casa, y yo tomaría su turno.

Claro, también había pensamientos menos positivos que rondaban mi cabeza. ¿Qué pasaría si llegaba y ella no estaba en casa? Quizás había tenido que viajar a otra parte de Italia o, peor aún, podía encontrarla con otra persona, tal vez una pareja de la que yo no sabía nada. Mi presencia podría molestarla mucho, y lo único que conseguiría sería que me pidiera que me fuera de inmediato. Pero decidí ser positivo y confiar en que todo saldría bien.

Así que, sin pensarlo más, llamé a mi mecánico para contarle sobre el largo viaje que iba a hacer. Quería asegurarme de que el coche estuviera en perfectas condiciones, puesto a punto, para evitar cualquier problema o imprevisto durante el trayecto, especialmente en pleno invierno y cruzando montañas. Al final, la reparación me salió bastante cara, pero no tenía opción. No podía arriesgarme a hacer un viaje tan largo sin asegurarme de que todo estuviera en orden.

A veces me motivaba a mí mismo diciendo: "Vamos, Dani, seguro que va a valer mucho la pena. Después te darás cuenta de que el dinero, el tiempo y el esfuerzo que has invertido en este viaje habrán valido la pena al final".

Una vez que el coche estuvo listo y preparado para el viaje, me tocó hablar con el cuerpo técnico del primer equipo. Tenía que explicarles que no podría estar unos días, porque este viaje era muy importante para mí y ya no podía echarme atrás. Esperaba que se molestaran o se pusieran tristes, porque no solo faltaría a un partido oficial que coincidía con el día en que me iba, sino que también me ausentaría de uno o dos entrenamientos. Mi parte del trabajo tendría que cubrirla alguien más.

Pero, para mi sorpresa, no fue así. Tanto mis compañeros, Jorge y Óscar, mostraron una sonrisa en cuanto les expliqué la situación. Se alegraban mucho por mí, y me dieron aún más coraje para seguir adelante. Me dijeron que, si yo sentía que tenía que hacer este viaje, entonces debía hacerlo sin dudarlo, que no me preocupara, que ellos se encargarían de todo mientras yo estuviera fuera, y que lo importante era que todo saliera bien y que volviera sano y feliz.

Eso me llenó de energía positiva. Me sentí más motivado que nunca. Me despedí de los jugadores y salí corriendo, como siempre, después de dirigir parte del entrenamiento, directo al coche. Todo para coger el tren en Aranjuez y llegar a tiempo al trabajo, sin problemas.

Al día siguiente, después de salir del trabajo, fui directamente a casa de mi amigo Cristian. Quedamos en ir juntos, después de dejar a su hijo en la escuela, a una tienda grande de muebles, ya que necesitaba algunas cosas para mi nueva cocina. Después de eso, planeábamos dar unas vueltas por una tienda de ropa, por si encontraba algo interesante para estar bien preparado para el gran evento que me esperaba.

Caminamos por la tienda de muebles, pero no encontré muchas cosas que me gustaran. Solo unos vaqueros blancos que, la verdad, me encantaron, así que me los compré. Hacía tiempo que buscaba algo así y no lo encontraba. Cristian sugirió que fuéramos a otro centro comercial, pensando que tal vez ahí encontraríamos mejor ropa y modelos más atractivos, tanto para él como para mí. No fue una mala idea, al contrario, resultó ser una muy buena. En el otro sitio, además de encontrar mejor ropa, hallé el pequeño regalo que había estado buscando para Anca y que no encontraba en otras tiendas. Esto me quitó un gran peso de encima, ya que no quería llegar con las manos vacías.

El tiempo volaba, como siempre, y cuando miré el reloj, ya se acercaban las dos del mediodía. Le pedí a Cristian que me llevara al centro comercial donde había quedado con mi hermano Fran May. Necesitábamos hablar y afinar los últimos detalles del gran viaje, la "gran locura" en la que estábamos los dos involucrados. Aparte de haberme ayudado mucho en la parte física, ayudándome a bajar un poco la tripa, Fran también desempeñaba un papel importante como mi asesor personal. Me estaba ayudando a actualizar mi *look*, a cambiar mi forma de vestir, para estar más a la moda. Y no quería llegar tarde a nuestra cita, ya que solo teníamos dos horas para hablar, revisar tiendas y comer algo, pues Fran estaba en su pausa de mediodía. Después de eso, él tendría que volver al trabajo, y yo debía ir al club para continuar con los entrenamientos.

Todo fue bastante rápido. Entramos en la tienda y no sabíamos qué escoger: si un jersey, un polo, unos vaqueros o zapatos. Así que cogimos de todo, para probar y ver qué me quedaba mejor. Llegamos al vestidor cargados de ropa, y cuando el personal de la tienda nos vio con todo eso, nos miraron sorprendidos. Nos preguntaron cuál era la ropa de cada uno, y cuando les dijimos que todo era para mí, no se lo podían creer. Parecía que nunca antes había comprado ropa, como si tuviera el armario vacío.

Piensen que cogí diferentes modelos, varios colores, y distintas tallas para evitar estar yendo y viniendo del probador. Quería hacerlo lo más rápido posible, para no perder tiempo. Me daba un poco de vergüenza porque veía cómo las chicas entraban, se probaban algo y salían rápidamente, mientras yo estaba ahí dentro más de media hora, probando ropa sin parar. Pero, al final, logramos lo que queríamos. Aproveché el buen gusto que tiene mi hermano Fran para la ropa, y conseguimos unas combinaciones que me encantaron. Valió la pena pasar tanto tiempo ahí, porque nunca antes me había comprado tanta ropa de golpe en un solo día.

Después de pagar todo y mientras caminábamos hacia la salida, me di cuenta de que nos quedaban apenas unos quince o veinte minutos antes de que tuviera que ir al entrenamiento. Sabía que era la pausa de comer de Fran, y aún no había comido. Le insistí para que, al menos, comprara algo rápido, como un bocadillo o una bebida, ya que no quería que gastara todo su tiempo de comida conmigo y luego se fuera sin comer. Me parecía muy feo por mi parte. Finalmente, aceptó mi invitación y fuimos rápido a una tienda donde servían un pollo crujiente, bastante bueno y jugoso. Mientras esperábamos la comida, aprovechamos para charlar un poco, ya que desde el verano pasado no nos habíamos visto en persona, solo habíamos hablado por teléfono o mensajes.

Durante la conversación, Fran me dio una de las mejores noticias: su novia estaba embarazada e iba a ser padre. Me alegré muchísimo por él, y lo felicité porque sabía que era una gran noticia. Un hijo puede cambiar muchas cosas en la vida, y me hizo pensar en cómo los niños pueden ayudarte a seguir adelante en los momentos difíciles.

Luego, cuando le conté la idea del viaje y todo lo que había planeado, me dijo que era una locura, pero que debía seguir adelante si eso era lo que quería. Sin embargo, cuando le expliqué que el viaje en avión ya no era posible y que ahora tendría que hacerlo en coche, me miró sorprendido. Me dijo: "Si antes era una locura, ¡esto es aún peor! ¿Estás seguro de hacer esto? ¿Vale la pena arriesgarte tanto por esta chica?".

Lo miré directamente a los ojos y le respondí sin dudar: "Sí, Fran, estoy seguro. Esta chica vale esto y más". Él sonrió, y hasta ahora, esa sonrisa sigue grabada en mi mente. Sabía que estaba contento de verme tan ilusionado, pero también me dijo: "Dani, estás loco, pero bien loco. No te voy a decir que te rindas, porque te conozco. Sé que lo harás y sé que lo darás todo, pero solo ten mucho cuidado, porque lo que estás a punto de hacer es una locura muy grande. Espero que valga la pena todo lo que has hecho hasta ahora y lo que harás a partir de hoy".

Le agradecí por su tiempo, sabiendo lo complicado que es para él encontrar momentos libres, entre su carrera deportiva, su familia y las responsabilidades que tiene. Lo felicité nuevamente por las grandes noticias y le dije que estaríamos en contacto. Le prometí que le contaría cualquier cosa que pasara en el viaje.

Después de que Fran se fue a los entrenamientos, volviendo al equipo, cogí el teléfono y llamé a otro cómplice. Tenía que asegurarme de que Anca estuviera en casa el lunes, cuando llegara, para evitar conducir más de treinta horas y que, al tocar la puerta, nadie saliera o me dijeran que se había ido a otra parte de Italia. Eso sería difícil de soportar, por decirlo así.

Este cómplice no era cualquier persona, era Adrián, el hermano de Anca. Le expliqué que esa misma noche no podría llegar a su casa como habíamos quedado, porque tenía que ir rápidamente a una zona de Madrid llamada Aluche, donde viven otros amigos. Allí, me daría una ducha y luego iría directo al trabajo. Le aseguré que el sábado, sin falta, llegaría a su casa.

Dicho y hecho. Me fui rápidamente a casa de mis amigos en Aluche. Me duché, me prepararon un plato de comida caliente riquísimo y me ofrecieron un chupito de aguardiente para abrir aún más el apetito. Después de eso, me fui directo al trabajo, donde tenía que hacer las primeras dieciséis horas del turno. Luego tendría ocho horas de descanso y, tras otro turno de dieciséis horas, comenzaría el gran viaje de mi vida.

El primer turno pasó volando. Entre trabajar, preparar cosas por teléfono y revisar que todo estuviera en orden, el tiempo se esfumó. De repente, vi a mi compañero llegar para hacer el relevo. Entonces, tenía ocho horas para descansar antes de volver para el otro turno, justo antes del viaje.

Mi compañero sabía que me iba a casa de unos amigos para descansar, ya que siempre le había contado que tenía amigos por Madrid. Lo que no sabía era que en realidad tenía que hacer otras cosas importantes para el viaje. Me despedí de él y, al salir por la rampa del trabajo, me dijo: "Ten cuidado. Espero que no te duermas y que llegues a tiempo, porque también tengo cosas que hacer por la noche". Le respondí: "No te preocupes, si todo sale bien, en teoría no debería llegar tarde". Aunque por dentro sabía que no iba a descansar, lo tranquilicé.

Salí corriendo, porque tenía un tren a Aranjuez a las 15:25, y no podía permitirme el lujo de perderlo. Cada minuto contaba, y solo tenía cinco minutos de margen, lo que hacía que el tiempo fuera oro para mí ese día. Al llegar a la estación de *Renfe*, justo cuando se acercaba la hora del tren, escuché una voz por megafonía, informando que el tren tenía una avería y que se retrasaría entre media hora y una hora. Al escuchar esa noticia, me quedé de piedra. No sabía cómo reaccionar, ya que cada minuto era crucial para hacer los últimos retoques y preparar todo para el viaje.

Bajé las escaleras y me dirigí al responsable de la estación de *Renfe* para preguntarle a qué hora era el siguiente tren en dirección a Aranjuez. Me dijo que el tren acababa de pasar y que el siguiente no llegaría hasta dentro de cincuenta minutos o una hora. Al escuchar esto, calculé el tiempo perdido y las cosas que aún me quedaban por hacer. Me llevé las manos a la cabeza, me senté en un banco cercano, adopté una posición cómoda y, sin darme cuenta, me quedé dormido durante más de media hora.

Cuando finalmente llegó el tren, me subí de inmediato y, al sentarme, cogí el teléfono y le mandé un mensaje a Adrián. Le dije que teníamos que anular el café que íbamos a tomar en su casa con Roxana, porque ya no tenía tiempo suficiente.

Llegué a Aranjuez y salí corriendo de la estación como un velocista profesional. Fui directo al coche, porque no podía permitirme perder ni un segundo más. Conduje rápidamente a mi pueblo y me dirigí a la costurera, donde había dejado unos pantalones para que los arreglara. Los recogí y de inmediato me fui a casa para coger los documentos que necesitaba para el viaje. Preparé el maletín lo más rápido que pude, asegurándome de que no faltara nada, y tiré todas las cosas al coche sin orden, pensando que luego tendría tiempo de organizarlas mejor en el trabajo.

Le pedí a Elena que me hiciera dos termos de café para el viaje. Me duché rápidamente, hablé con mi hija y le expliqué que estaría ausente unos días para desconectar un poco. Mi hija lo entendió perfectamente y me dijo que hacía muy bien. Con todo listo, me dirigí al lugar donde tenía que encontrarme con Adrián para solucionar algunas cosas pendientes antes del viaje.

En el trayecto, me di cuenta de que tenía un montón de polos que no había tenido tiempo de planchar. Desde el coche, llamé a Adrián y le pedí un favor: si podría planchar los polos por mí, ya que no me daba la vida. No quería que la primera impresión que Anca tuviera de mí fuera mala. Quería asegurarme de que todo saliera bien y que causara una buena impresión.

Arranqué hacia el lugar donde me encontraría con Adrián. Mientras hablábamos y solucionábamos algunas cosas, de repente se le ocurrió la idea de que él podría llamar a Anca para preguntarle si estarían en casa el lunes por la noche. Sin embargo, tras pensarlo mejor, nos dimos cuenta de que eso podría levantar sospechas y arruinar la sorpresa. Decidimos entonces que lo mejor sería que llamara a su madre, para que ella hablara con Anca y averiguara si estaría en casa sin levantar sospechas.

Cuando la madre de Anca me preguntó por qué quería saber si estaría en casa, Adrián le contó el plan que estábamos haciendo. Su madre, preocupada, me dijo que no le parecía una buena idea ir a Italia en ese momento, debido a las complicaciones del COVID. Me advirtió que era posible que la policía no me dejara entrar al país, y que ni siquiera llegara a verla. Además, me recordó el riesgo de quedarme atrapado en la nieve, ya que en esa temporada había muchas nevadas. También me advirtió que Anca es muy muy directa, y que podría haber sorpresas que no me gustarían.

Aunque sus consejos eran sensatos y realistas, no lograron hacerme dudar. Me entraban por un oído y me salían por el otro. No quería escuchar nada que me hiciera replantear el viaje o dar marcha atrás. Nada me podía impedir conocer a esta persona que, en mi corazón, creía que sería mi amor verdadero, el amor de mi vida, al que tanto había esperado.

Llegamos al destino con Adrián, solucionamos los asuntos pendientes y luego lo dejé en su casa. Cogí mi ropa, la que Roxana había planchado, y me fui rápidamente al trabajo, ya que iba bastante justo de tiempo. Durante el trayecto, inter-cambiamos algunas palabras más con su madre, quien me dijo que me apreciaba mucho, pero que lo que estaba hacien-do era una locura. Me aconsejó que sería mejor esperar hasta primavera o verano, cuando las cosas tal vez estuvieran más calmadas, y así el viaje sería una mejor opción.

A pesar de sus advertencias, ese sentimiento de apoyo por parte de su familia me hizo sentir bien. Me llevaba bien con su madre, su hermano y su hermana, lo que me hacía sen-tir como si ya encajara en la familia. Era algo que me hacía ilusión, y me aferraba a la esperanza de que esto fuera algo verdadero.

Cuando llegamos a casa de Adrián, me despedí de él. Me deseó mucha suerte y me dijo que tenía ganas de verme cuando volviera para que le contara toda esta locura. Me fui rápidamente al trabajo, pero en el camino me di cuenta de que, en la prisa, me había olvidado los polos que Roxana había planchado. Justo en ese momento, me llamó Adrián para recordármelo. Afortunadamente, no estaba a más de diez kilómetros lejos de su casa, así que me di la vuelta y los recogí.

A veces, como sabéis, las prisas no son buenas. Por suerte, el resto del camino al trabajo no tuvo más complicaciones y llegué a tiempo para relevar a mi compañero, que también vivía fuera de Madrid y no podía permitirse perder el último autobús a su casa.

Capítulo 7

Así fue como amanecí el domingo, faltando solo unas horas para la gran locura que iba a emprender. Me preparé bien, coloqué todo en el coche: la comida, la ropa y todo lo necesario para que el viaje fuera cómodo. Dejé suficiente espacio en el coche para poder descansar cuando parara. Limpié el coche a fondo para dar una buena impresión, y me sentía muy muy nervioso y ansioso por el viaje. Estaba deseando que llegara la hora de que mi compañero comenzara su turno para poder salir a toda velocidad hacia ese viaje que llevaba tanto tiempo planeando y deseando.

Me sentía como si estuviera en un semáforo de una competición de *rally*, esperando que el semáforo en rojo cambiara a verde, para pisar a fondo el acelerador e ir directo a por el Gran Premio: mi felicidad, el amor de mi vida. ¿Qué puede haber más bonito que encontrar a la persona que te ama y con quien serás feliz para siempre? Aprendí que, si deseas algo de verdad, luchas por ello y nunca te das por vencido, al final lo consigues. Al menos, eso pienso yo, que en esta vida nada es imposible. Con sacrificio, sufrimiento y mucha humildad, todo lo que te propongas lo puedes lograr.

Cuando llegó mi compañero, se fue al vestuario a cambiarse. Mis piernas empezaron a fallarme; parecían blandas, como si ya no pudiera caminar. Estaba tan emocionado, tan ilusionado, que hacía mucho tiempo no me sentía así. Apenas llegó, me despedí de él, le expliqué lo que había pasado durante el turno y lo puse al día. Le pedí que me hiciera una foto para tener un buen recuerdo. Después de eso, me metí en el coche y arranqué a toda velocidad, rumbo a este viaje loco que debería tardar entre treinta y treinta y dos horas, cubriendo una distancia de dos mil trescientos kilómetros. Y, claro, no olvidemos que tendría que hacer el mismo trayecto de vuelta a casa.

Mientras conducía, empezaba a imaginar cómo sería el momento en que la viera por fin. Mi mente viajaba a cientos de variantes: algunas buenas, otras malas. Pero nunca, ni en mis peores pensamientos, me imaginé lo que realmente sucedería después de este viaje.

Iba como un loco, tan absorto en la idea de llegar y conocerla, que me olvidé de los descansos y del tiempo que llevaba conduciendo. El cansancio, el hambre y la sed ya no existían para mí. Solo tenía un objetivo: llegar hasta ella.

En un momento del día, llegó el primer obstáculo, el primer examen. Sabía que algo así podía pasar, pero no tan pronto. Me topé con un control de policía por el tema del COVID. Todos los países estaban con restricciones de viaje, y yo ni siquiera había salido de España cuando ya tenía problemas. Me dije a mí mismo: "Hasta aquí llegaste. Me van a hacer volver a casa, y seguramente me pondrán una multa". Sabía que en ese momento el estado era muy estricto con las restricciones para que la gente no viajara entre localidades, y mucho menos entre países.

Me agarré fuerte al volante y pensé: "Voy a seguir. Pase lo que pase, no me echaré atrás sin intentarlo". Cuando llegó mi turno en el control, el agente se acercó y me preguntó si hablaba francés. Le entendí hasta ahí, porque había estudiado francés en el instituto, pero solo lo básico. Sabía algo de alemán, inglés, español y un poco de italiano, pero el francés nunca fue mi fuerte. Le sonreí inocentemente y le respondí que hablaba español e inglés, si me podía hacer el favor.

Empecé a explicarle, en una mezcla de francés, inglés y español, que venía de Castilla La Mancha y que tenía que ir a Rumanía porque un familiar estaba muy enfermo. Le conté que no podía volar y por eso viajaba en coche, asegurándole que no pararía hasta llegar a mi destino. El policía me pidió los papeles, y ahí fue cuando pensé que ya estaba todo perdido, que me harían dar la vuelta y volver a casa.

En ese momento, decidí sacar todos los papeles que llevaba conmigo, pensando que, cuanto más mostrara, más preparado parecería. Tal vez eso lo convencería de que estaba todo en orden. Busqué en mi mochila, rebusqué en el coche y saqué una montaña de papeles. El agente me miró sorprendido, como si hubiera sacado los apuntes de un curso entero de la universidad. Revisó cada uno de ellos, buscando seguramente el test de COVID que, en ese momento, no tenía conmigo.

Hubo un momento de silencio total. Yo esperaba lo peor, como si fuera el minuto de silencio antes de un partido de fútbol. Finalmente, me dijo algo en francés que no entendí del todo, pero le expliqué de nuevo que en cuanto llegara a Rumanía, haría el test y que no se preocupara, que no iba a parar en ningún otro sitio. Intenté calmarlo, gesticulando con las manos y hablando en inglés, español y lo poco que me salía en francés, asegurándole que una vez volviera a España haría todo de nuevo según las reglas.

Estaba claro que la situación no pintaba bien, pero yo seguía intentando todo lo posible para no dar marcha atrás.

Me di cuenta de que estaba bastante motivado, y que nada ni nadie podía detenerme. El policía, al ver mi determinación, me dijo que podía seguir, pero que tuviera cuidado en el camino, ya que era bastante largo. Mi cara cambió de estar tensa y nerviosa a una de alivio.

Me sentí más relajado, como si hubiera vuelto a la realidad después de ese susto. Incluso la velocidad ya no me parecía tan mal. Estaba muy emocionado de haber superado el control policial, ya que unos minutos antes pensaba que mi viaje se había terminado. Lo único que quería en ese momento era salir de allí lo más rápido posible, antes de que el agente cambiara de opinión.

Ahora, ya estaba oficialmente en Francia. Cogí la bolsa de pipas que tenía a mano, coloqué las tabletas de chocolate cerca, y abrí una lata de refresco gigante. Me dije: "Vamos, Dani, ¡dale! Ahora o nunca". Me propuse cruzar Francia durante la noche, sabiendo que sería mucho más fácil debido al menor tráfico. Además, iba por carreteras nacionales para evitar los peajes, que eran bastante caros y no me los podía permitir, considerando todos los gastos que ya había tenido.

Durante el día, habría mucho tráfico y atascos, y perdería un tiempo valioso. Las carreteras en Francia, para que te hagas una idea, son como la A-4 por la mañana en dirección a Madrid, entre Valdemoro y Pinto: completamente atascadas. Seguí conduciendo hasta que, hacia la una y media o dos de la mañana, mis ojos ya no podían mantenerse abiertos. Aunque mi ambición y experiencia en viajes largos, como los que hice a Italia y Rumanía, me empujaban a seguir, supe que era momento de parar. De lo contrario, podría ocurrir cualquier cosa.

Encontré un pequeño pueblo y aparqué bajo una farola. Me acomodé para dormir alrededor de una hora y media. De repente, me desperté y miré la hora. Sentí que había dormido demasiado y que había perdido mucho tiempo. Me desperecé un poco, moví el cuerpo para activar la circulación y me puse otra vez en marcha. Sabía que aún me quedaba un largo camino, y no quería hacer esperar más a mi amor verdadero. Ya sabes cómo es la primera cita, uno no debe llegar tarde, hay que ser puntual, y eso es algo que las mujeres aprecian.

Seguía conduciendo, atento y soñador, imaginando un montón de cosas que pasaban por mi cabeza. De repente, miré el indicador de gasolina y me di cuenta de que estaba bajo. Tenía que buscar una gasolinera pronto para no quedarme tirado en una zona alejada. No podía permitirme perder más tiempo por eso. Decidí aprovechar también para tomar un café de los que me había preparado mi querida cuñada, quien pensaba que eran para mis largas horas de trabajo. Seguro que ni se imaginaba que los termos de café eran para este viaje y para buscar a la persona que había estado esperando.

De hecho, cuando le pedí que me hiciera dos termos de café, se sorprendió, ya que nunca le había pedido un favor así antes. Pero, sabiendo que a veces hago turnos muy largos, supuso que los necesitaría. Ese mismo día me confesó que me había dejado sin café, pero le dije que, si era para algo importante, valía la pena. Mientras buscaba una gasolinera, revisaba los indicadores del coche y las señales en los pueblos. Finalmente, encontré una gasolinera de la misma marca que suelo usar en España. Me alegré, porque no era cara y siempre me daba buen rendimiento.

Lo primero que hice fue llenar el coche de gasolina, para quitarme esa preocupación de la cabeza. Después, entré en la tienda para comprar algo más de comida para el camino. Al pasar por las estanterías de dulces, recordé lo mucho que me gusta el café acompañado de algún pastelito, así que me detuve allí. Luego, me fijé en una estantería de vinos franceses. Sabía que Anca disfrutaba de un buen vino tinto en invierno, así que pensé que sería una excelente idea llevar una botella para cuando llegara, me duchara y me preparara para charlar con ella tranquilamente. Buscaba algo especial para empezar con el pie derecho, pero mi francés no era el mejor, así que decidí preguntar a un señor que parecía tener experiencia y buen gusto. Le pedí, por favor, que me recomendara un buen vino.

Tras unos momentos, me felicité a mí mismo por haber preguntado a la persona correcta. Este señor no solo leía las etiquetas, sino que también examinaba las botellas a contraluz, como si estuviera en una cata internacional de vinos. Después de varios minutos, me dijo que esa era la botella adecuada para la ocasión que yo le había descrito. Le di las gracias y, un poco chulito, le dije: "¿Me equivoco o es un vino de primera clase, no?". Me despedí y seguí con mis compras. Mientras caminaba por la tienda, me imaginaba cómo reaccionaría Anca al ver un vino francés, pensando que venía de España. No obstante, por si no le gustaban los vinos franceses, también cogí una botella española, no fuera a ser que tuviera más curiosidad por probar algo de aquí. Incluso pensé en comprar algo de Alemania o Austria, pero no tuve tiempo para detenerme en más lugares. Quizás la próxima vez.

Salí de la tienda, tomé un café más fuerte de lo habitual, como a mí me gusta, y volví al coche para continuar con el viaje sin perder tiempo. Todo iba bien, hasta que de repente vi en el retrovisor una motocicleta acercándose a toda velocidad. Intenté ser educado y pensé que tal vez el conductor no tenía buena visibilidad, así que me aparté un poco para dejarle pasar. Pero para mi sorpresa, el motociclista me adelantó y encendió las luces azules: era la policía francesa, y no cualquier policía, sino la unidad antidrogas. Me hicieron señales para que les siguiera.

Me desviaron hacia un camino lateral, donde me esperaban otros dos equipos policiales. En ese momento, me sentí como una celebridad, rodeado de tantos agentes, pero en realidad estaba pálido de miedo. Sabía que no tenía el test de COVID y que cualquier control en los países que debía cruzar podría multarme y obligarme a regresar a España. Me pidieron los papeles del coche y me alejaron del vehículo mientras me hacían preguntas: a dónde iba, qué hacía allí, qué llevaba en el coche… Estaba bastante nervioso, pero intenté mantener la calma y mostrarme tranquilo.

Mientras uno de los agentes revisaba el coche, los otros me observaban atentamente, con las manos cerca de sus armas, como si estuvieran listos para cualquier movimiento brusco. Finalmente, tras revisar el coche y comprobar que no había nada sospechoso, me hicieron señales de que todo estaba en orden. Para mi alivio, ni siquiera me preguntaron si tenía el test de COVID. Les saludé y les pregunté si podía volver a la misma ruta sin problemas, a lo que respondieron que sí.

Con una sonrisa, me hice la señal de la cruz y le pedí a Dios que me ayudara a llegar bien a mi destino. Ya había pasado dos controles de policía y mi nivel de confianza estaba por las nubes. Me sentía como un héroe. Seguí las indicaciones de la policía y retomé el viaje, aunque había perdido bastante tiempo. Para recuperar ese tiempo, decidí saltarme la pausa que tenía prevista para comer y continué conduciendo, despacio, pero con cuidado.

Finalmente, logré cruzar Francia sin más incidentes, lo que fue un gran alivio. Pero el GPS me llevó por una ruta inesperada, a través de las montañas. Me di cuenta de que estaba conduciendo junto al Danubio, un lugar que nunca pensé que visitaría, salvo en las clases de geografía del instituto. Fue un momento emocionante, porque jamás imaginé que cruzaría esta parte de Alemania. Sin embargo, como dice el refrán: "nunca digas nunca".

El camino me llevó a subir una montaña, y cuanto más avanzaba, más nieve encontraba. Recordé las señales que indicaban que era obligatorio usar neumáticos especiales para la nieve en esa zona, pero yo solo tenía neumáticos para lluvia y unas cadenas por si acaso. A medida que subía, me preguntaba si realmente había sido una buena idea cruzar la montaña en pleno invierno. Incluso me acordé de los consejos de la madre de Anca, quien me había advertido sobre los peligros de la nieve y las tormentas. Pero, como buen hombre testarudo, le agradecí sus consejos en su momento, aunque nada en este mundo podía detenerme.

Al llegar a la cima de la montaña, me di cuenta de que todo había valido la pena. Las vistas eran impresionantes, de esas que te llenan de paz y tranquilidad. Me habría encantado tener más tiempo para detenerme y disfrutar del paisaje, pero el reloj no se detenía, y tenía que seguir adelante. Continué mi viaje hacia Austria, por donde planeaba cruzar para llegar a Italia. A medida que descendía de la montaña, el sol comenzaba a ocultarse, y sabía que pronto tendría que hacer una pausa para descansar, comer algo y prepararme para la noche.

Después de volver a llenar el tanque y tomar algo en una tienda, retomé la ruta. Pero poco después, mientras conducía por la carretera, vi un coche grande de la policía estacionado al lado, vigilando el tráfico. Sentí un hormigueo en la nuca, como si algo no fuera bien, y por un instante cometí el error de volver la cabeza para mirarlos directamente. Solo eso fue suficiente. No habían pasado ni dos minutos cuando el coche de policía me adelantó y, por supuesto, me hicieron una señal para que los siguiera.

Pensé: "Dani, ¿no tenías otra cosa que hacer más que mirarlos? ¿Por qué no te quedaste quieto?". Era la tercera vez que me detenían en el viaje, y una parte de mí me susurraba: "Vuelve a casa, no sigas más". Pero seguí conduciendo detrás del coche patrulla hasta que me llevaron a un aparcamiento grande donde también había camiones de transporte. Allí se bajaron un hombre y una mujer del coche. El tipo parecía sacado de una película de *Rambo*, pero fue la mujer la que me impuso más respeto. Era alemana, fuerte, con un corte de pelo estilo rockero que le daba una apariencia intimidante.

Respiré hondo, con cuidado de no molestarles ni siquiera con el sonido de mi respiración. Ya tenía cierta experiencia con los controles anteriores, así que antes de que se acercaran, les tendí todos mis papeles, como había hecho antes al cruzar la frontera. La táctica me había funcionado antes, y esperaba que esta vez también colara.

Me hicieron bajar del coche y alejarme mientras el "Rambo" revisaba mis papeles y hablaba por radio, y la "princesa guerrera", como la apodé en mi mente, empezó a inspeccionar el coche. Me lanzaba miradas que parecían decir: "Te he pillado, algo escondes". Pero yo sabía que no tenía nada ilegal, aunque seguía con la preocupación de no tener el test de COVID que podían pedirme en cualquier momento.

Tras unos minutos, el hombre me devolvió los papeles, y una sonrisa se asomó en mi rostro, aunque mantuve las formas para no ofender a mi "pequeña princesa guerrera". Afortunadamente, ambos hablaban inglés, lo que facilitó mucho la comunicación, a diferencia de mis amigos franceses del control anterior. Me hicieron unas preguntas más, y finalmente me dijeron que todo estaba en orden y que podía continuar.

Me despedí de ellos, agradecido, y pensé que ya que estaba en el aparcamiento, aprovecharía para ir al baño, comer algo y recargarme de café. Sabía que no quería parar de nuevo hasta llegar a mi destino.

Una vez que estuve listo, volví al coche y seguí mi camino, subiendo y bajando por las montañas, hasta que finalmente crucé la frontera a Austria. ¿Cómo supe que había llegado? Pues, claro, me encontré con otro control de policía. Esta vez, era un grupo de soldados equipados con armamento pesado, como si estuvieran protegiendo una base militar. Sin embargo, después de tres controles anteriores, ya no me afectaba tanto. Estaba más relajado. Pensé: "Lo que tenga que pasar, pasará. Si aquí acaba mi viaje, que así sea".

Para mi sorpresa, este control fue mucho más fácil. Me preguntaron a dónde iba, me dieron un papel con la hora a la que había pasado por el control y me dijeron que lo entregara a sus compañeros cuando saliera del país. En ese momento, pensé: "Tú dame todos los papeles que quieras, pero déjame continuar con mi camino". El joven soldado fue muy educado, me explicó todo en inglés y me dejó seguir.

De nuevo en la carretera, me sentía optimista. Me quedaban unas dos horas más para cruzar Austria y luego otras dos horas en Italia. Mientras avanzaba por Austria, las vistas se volvían más impresionantes. Era como un cuento de hadas: montañas cubiertas de nieve, ríos cristalinos, paisajes que te llenaban el alma de paz. Pero me di cuenta de algo: esos paisajes me recordaban mucho a mi tierra, a Rumanía. Era como si las montañas y los valles de mi país me llamaran de vuelta.

Sentí una punzada en el corazón. No importa dónde estés, siempre hay algo que te conecta a tu hogar. Y para mí, la felicidad estaba en la naturaleza, en las montañas, en respirar ese aire puro que te da una energía inagotable. Me di cuenta también de que no importa en qué parte del mundo estés, siempre y cuando estés rodeado de esa belleza natural, puedes sentirte en paz. Pero también entendí que lo más importante no era solo el paisaje, sino la compañía. Necesitas a alguien a tu lado, alguien que comparta esa felicidad contigo, que comprenda lo que te llena y te hace feliz.

Después de todo, ¿de qué sirve estar en el lugar más hermoso del mundo si no tienes a alguien con quien compartirlo? Alguien que te ame y a quien amar. Esa era la verdadera búsqueda de mi viaje: encontrar a esa persona.

Después de lo que parecía una eternidad al volante, seguí las indicaciones del GPS y, tras ajustar la nueva ruta más rápida, continué mi camino. ¡Qué alivio! Estaba a solo unas horas de mi destino, y, aunque mi cuerpo me pedía descanso, el corazón me gritaba que no me detuviera. La emoción de saber que estaba tan cerca me impulsaba a seguir adelante, ignorando cualquier incomodidad física. El cansancio ya no importaba; solo me enfocaba en el momento que había esperado tanto tiempo.

Después de unos treinta minutos más conduciendo a toda velocidad, finalmente crucé la frontera a Italia. La emoción me invadió por completo. Me sentía como *Fernando Alonso,* pisando fuerte el acelerador, ignorando las señales y normas de tráfico. Mi corazón latía tan rápido que parecía que iba a explotar. Tenía tanta prisa por llegar, por verla, que nada más importaba.

Conducía como si el mundo a mi alrededor hubiera dejado de existir. Solo quedaban unos cuarenta minutos según el GPS, y mi mente se llenaba de mil imágenes de cómo sería ese encuentro. Finalmente, salí de la autopista y comencé a subir un camino empinado que me recordó a las montañas de Braşov, en Rumanía. Era como si todo este viaje me estuviera llevando de vuelta a mis raíces, solo que en otro país.

El cielo estaba ya oscuro, eran cerca de las 20:30, y el paisaje alrededor parecía desierto, como si todos estuvieran encerrados en sus casas. Traté de recordar cada detalle del trayecto, pero al llegar a la zona cercana, el *Internet* de mi teléfono dejó de funcionar. Sin poder acceder a los mapas online, me encontré completamente perdido. Por suerte, recordé que había hecho una captura de pantalla del mapa con la ubicación aproximada. Fue mi única esperanza para encontrar la casa.

Conduje de un lado a otro, subiendo y bajando por caminos oscuros. De repente, vi a un hombre mayor parado al lado de una casa. Me bajé del coche con algo de nerviosismo y lo saludé en inglés, esperando que pudiera ayudarme. Le expliqué lo que buscaba, mencionándole el nombre de la casa en la que se hospedaba Anca. El hombre me miró con confusión y me dijo que no había oído hablar de ninguna casa o lugar con ese nombre en su vida.

Empezaba a desesperarme, pero entonces recordé la captura de pantalla. Saqué mi teléfono, le mostré la imagen, y el hombre soltó una carcajada al ver el nombre correctamente escrito. Lo había pronunciado mal todo este tiempo. Me corrigió con una sonrisa y me indicó el camino que debía tomar. Era un alivio enorme saber que, finalmente, estaba a solo unos minutos de distancia.

Llegué a la zona indicada, apagué el coche y busqué un lugar para aparcar que no molestara a nadie. Sabía que las casas turísticas suelen tener su propio estacionamiento, pero no quería arriesgarme a molestar a los propietarios locales, así que dejé el coche en una calle cercana. El lugar estaba completamente oscuro, lo cual me sorprendió. Era una zona turística y, sin embargo, todo parecía apagado, casi triste.

Capítulo 8

Mi emoción era incontrolable. Después de tantas horas conduciendo, finalmente estaba allí, tan cerca de Anca. Las luces apagadas, el silencio, todo se volvía insignificante ante la magnitud del momento que me esperaba. Mi corazón latía a un ritmo que nunca antes había sentido, mis manos temblaban, y mis piernas parecían no responderme. Estaba tan nervioso que no sabía qué hacer primero. Quería que todo fuera perfecto porque sabía que solo tendría una oportunidad. Después de tanto tiempo soñando con este momento, no podía permitirme fallar.

Imaginad lo que significaba acercarme a la puerta después de un viaje de treinta horas, con la mente llena de ilusiones, la expectativa de ver a la mujer que creía que podría ser el amor de mi vida. Mi corazón estaba en otra galaxia, mi mente desbordada de pensamientos, y cada paso que daba hacia su puerta era como un latido acelerado, lleno de esperanza y miedo.

No sabía qué tenía que hacer primero. Quería que todo fuera perfecto porque sabía que solo tenía un intento, y no quería fallar. Pensé en que se podía acercar a mí... Después de treinta horas conduciendo: Apestaba. Me coloqué un poco el pelo, cogí unos chicles y me eché un buen perfume encima para no asustar tanto. Parecía que iba a una boda y no a ver a una persona por la noche. Cogí el regalito, la flor que le había traído. Miré un poco dónde estaba y cuál de las casas podría ser. Por suerte, había aparcado el coche justamente al lado.

¿Y ahora? Debía tener suerte porque iba a tocar la puerta, esperando que estuviera en casa. Y no estaba. Se había ido a otro sitio en ese mismo momento.

Cogí aire unas cinco veces para coger coraje. Mis piernas no podían ni andar. Una sensación muy difícil de describir, pero al mismo tiempo, bastante bonita. No creo que hubiera dado más de tres o cuatro pasos hasta la puerta cuando, de pronto, se abrió una ventana grande.

¿Qué piensan que pasó? Estaba ella, justamente. Recuerdo perfectamente el momento, como si fuera ayer. Da igual que haya pasado más de un mes.

Me sentí como en una ópera de teatro, celebrando *Romeo y Julieta*, porque ella estaba en la ventana y yo debajo de ella. No podía ser mejor: estaba a una distancia bastante corta y podía ver sus ojos, sus labios, su cara bonita. Parecía un ángel. Todas las frases que me pasaron por la cabeza me llevaron hasta ahí. Todo lo que imaginaba: "¿cómo iba a empezar? ¿Qué le iba a decir? ¿Cómo me iba a presentar?". Me olvidé de todo, absolutamente todo. No sabía ni cómo me llamaba. Estaba bastante oscuro, pero para mí, era de día. Su cara brillaba tanto que parecía que había salido el sol a las nueve de la noche. Fue tanto el brillo que tenía, que quería ponerme las gafas. Imagínate que un ángel se te aparece de repente en una noche oscura, sin nada de luz. Fue algo parecido.

Me preguntó algo en italiano, creo, o tal vez en alemán. Mis ojos estaban atentamente mirándola. Veía sus labios moverse, pero al mismo tiempo, parecía que estaba sordo. No escuchaba nada, solo disfrutaba muchísimo de su rostro, de su cara. De repente, sin darme cuenta de lo que me preguntaba, le dije en rumano que soy Dan. Ella, un poco sorprendida, me preguntó: "¿Cuál Dan? Dije: "Dan, de España". Entonces, cuando escuchó esas palabras, su cara cambió totalmente. De repente, hubo una pausa de unos segundos, un silencio continuo. Nada más. No creo que se lo hubiese podido imaginar alguna vez. Fue un momento que nunca pensé que ocurriría, pero ocurrió. Me preguntó que qué hacía allí y que no tenía permiso, porque en ese momento, el lugar estaba en alerta roja y no entendía cómo había podido entrar. "Normalmente, no se puede ni entrar ni salir de esta zona; está prohibido salir, y solo se puede ir a la tienda o a casa para comprar meriendas y nada más. No puedes salir de aquí ni conocer otras zonas. Está prohibido acoger a alguien en la casa, aparte de las personas que tienen derecho a vivir allí. Y no te puedo ayudar. La mejor solución es que te vayas lo más rápido posible de la zona".

¿Qué hacía? Salir de Italia lo más rápido posible, lo mejor para mí. La miraba, y sentía como si un rayo me hubiera golpeado. No quería creer que fuera verdad. "Dani, ¿qué has hecho otra vez?". Lo que debía ser un momento inolvidable para mí se convirtió en uno que quería olvidar lo más rápido posible. No comenzamos bien, por decirlo así, comenzamos con el pie izquierdo. Recogí mis pensamientos y le dije que no sabía que era tan difícil estar allí, y que mi idea era hacerle una buena sorpresa, maravillosa, y quería pasar unas horas con ella para tener la oportunidad de conocernos mejor. No me pareció tan mal. Ella me respondió que me entendía, pero que ahora no era el momento perfecto. Lo mejor que podía hacer en ese momento era irme. También había el riesgo de que le pusieran una multa considerable. Le pedí permiso para acercarme, le dije que estaba bien de salud, que no tenía nada de qué asustarse, solo quería darle el regalo: la flor que le compré para ella con tanta ilusión, donde ella estuvo de acuerdo, me acerqué, y le di la flor diciendo: "Espero que te guste". Fue algo que, en el momento de comprarlo, sentí que quería hacerlo y nada más. Insistí otra vez y le dije que me iba a ir, pero que me gustaría ver si podría volver por la mañana muy temprano, cuando no hubiera nadie. Solo para tomar al menos un café y cambiar algunas palabras, ya que había hecho tanto camino. No quería volver sin más. Esa idea no le gustó nada, y me repitió otra vez con un tono de voz más serio, más fuerte, más cabreado, que tenía que irme lo más rápido posible.

Ella vio que intentaba de alguna forma convencerla para quedarme más tiempo con ella, para pasar el mayor tiempo posible juntos. Me dijo que hacía mucho frío y que se iba a casa. También me dijo que tuviera mucho cuidado. Se despidió de mí y cerró la ventana tal cual.

Capítulo 9

Ese momento, cuando la ventana se cerró y mi corazón se quedó helado, fue como si todo se desplomara. Había hecho un viaje de treinta horas, cargado de ilusiones, esperanzas y adrenalina, solo para encontrarme con un muro de realidad que nunca había imaginado. Me sentía como un tonto, como si hubiera apostado todo a una carta que resultó ser la peor mano posible.

Mientras caminaba de vuelta al coche, mi mente daba vueltas. La sorpresa, el viaje, el regalo…: todo había sido un fracaso total. Estaba exhausto física y emocionalmente, pero no podía rendirme así de fácil. No estaba en mi naturaleza simplemente darme la vuelta y aceptar la derrota. A pesar de todo, aún tenía la sensación de que algo más se podía hacer.

Me subí al coche y respiré profundo, intentando calmarme. En ese momento, pensé en llamar a mi hermano Fran, mi cómplice en esta locura. Sabía que él podría ofrecerme algún consejo o, al menos, escucharme mientras desahogaba toda mi frustración. Normalmente, era difícil que Fran respondiera rápido, pero esa noche contestó el teléfono al primer timbre, como si ya supiera que algo había salido mal.

"¿Cómo te fue?", me preguntó, con una mezcla de curiosidad y preocupación.

Le conté todo, desde el momento en que vi a Anca en la ventana hasta la despedida abrupta. Mientras le relataba los hechos, me di cuenta de que estaba viviendo la primera variante que él había mencionado: la de encontrarme con una puerta cerrada en la cara. Fran no pudo evitar soltar una pequeña carcajada, no de burla, sino de complicidad. Sabía que yo no me rendía fácilmente, pero también entendía que, a veces, las cosas simplemente no salían como uno las planeaba.

"Te lo dije, Dani", dijo Fran. "Era una posibilidad. Pero míralo de esta manera: por lo menos lo intentaste. No te vas a quedar con la duda de qué habría pasado si no hubieras hecho nada. No te rindes, eso es lo importante".

Me quedé en silencio unos segundos, pensando en sus palabras. Sabía que tenía razón, pero eso no hacía que el golpe doliera menos. Me sentía humillado, agotado, y en ese momento no sabía si había valido la pena todo el esfuerzo.

Le conté a Fran que no quería irme todavía, que sentía que tenía que intentarlo una vez más, aunque fuera una locura. Quería volver por la mañana temprano, cuando no hubiera nadie, y al menos compartir un café con ella antes de irme. Pero él me dijo que debía tener cuidado, que si ella ya me había pedido que me fuera, insistir podría empeorar las cosas.

"Escúchame, Dani", dijo con firmeza. "Ya hiciste lo que pudiste. No sigas forzando la situación o podrías acabar peor. Déjala pensar y, si de verdad le interesas, ya habrá otro momento. No te quemes más".

Su consejo era sensato, pero no era lo que quería escuchar. Aún así, sabía que tenía razón. Había empujado mi suerte hasta el límite, y continuar presionando solo me haría más daño a mí mismo.

Finalmente, después de colgar, me quedé un rato en el coche, mirando al vacío. El cansancio empezaba a invadirme de nuevo, y el silencio de la noche me envolvía como una manta pesada. Sentía el peso de la decepción aplastándome, pero también una extraña sensación de alivio. Había llegado, lo había intentado y, aunque no había salido como esperaba, al menos había tenido el coraje de seguir mi corazón.

Con el tiempo, supe que esta historia no terminaría ahí, pero por esa noche, no tenía más energía para luchar.

La llamada con Fran me hizo sentir un poco más tranquilo, aunque seguía con ese sabor amargo de la derrota. Me escuchó pacientemente mientras le contaba sobre mi plan, que había planeado con tanto cuidado y que se había desmoronado en cuestión de minutos. Fran, como siempre, intentaba mantenerme positivo. Me decía que, aunque las cosas no salieron como esperaba, al menos había tenido la valentía de intentarlo, y eso ya era más de lo que muchas personas harían. Me recordaba que, al final, todo esto me servía como una experiencia de vida, y que siempre se puede sacar algo bueno de las situaciones más difíciles.

Pero, a pesar de sus palabras de aliento, me costaba aceptar la realidad. Conducía de vuelta a casa con la sensación de haberlo arruinado todo, de que tal vez había sido demasiado impulsivo, demasiado imprudente. Me imaginaba lo que podría haber sido esa noche si las cosas hubieran salido de acuerdo al plan. La cena, el vino, el fuego en el jardín bajo las estrellas... Todo eso ahora no era más que una fantasía que nunca se materializó.

Fran me decía que debía aprender a aceptar las cosas tal como son, que no siempre se puede controlar el resultado de nuestras acciones. Me decía que si Anca realmente sentía algo por mí, tal vez con el tiempo podría haber una nueva oportunidad. Pero en ese momento, todo lo que podía hacer era alejarme, como ella me había pedido, y esperar que el tiempo pusiera las cosas en su lugar.

Mientras seguía manejando por la autopista, comiendo bombones y bebiendo una lata de bebida energética para mantenerme despierto, me di cuenta de que este viaje había sido más sobre mí mismo que sobre Anca. Había despertado en mí una parte que llevaba mucho tiempo dormida: la capacidad de arriesgarme por algo, de sentir esa chispa de emoción e incertidumbre. Aunque las cosas no habían salido bien, al menos había probado que todavía tenía la capacidad de luchar por lo que quería, de salir de mi zona de confort y de enfrentar mis miedos.

Y eso, en cierto modo, me dio fuerzas para seguir adelante. Sabía que no iba a ser fácil olvidar lo que había pasado, pero también sabía que esta experiencia me había cambiado de alguna manera. Me sentía más vivo, más despierto, incluso en medio de la frustración.

Cuando colgué el teléfono con Fran, me concentré en el camino de vuelta. La noche era larga, y aún me quedaban muchas horas de conducción por delante. Pero, a pesar de todo, algo dentro de mí me decía que este no era el final. Que, de alguna manera, este viaje no había sido en vano. Y que, aunque no lo supiera en ese momento, este fracaso me estaba preparando para algo más grande que estaba por venir.

Con esa idea en mente, seguí conduciendo hacia casa, dejando atrás lo que podría haber sido, pero manteniendo la esperanza de que, en algún lugar del camino, algo mejor me estaba esperando.

Me sorprendió bastante escuchar su voz, y a pesar del cansancio acumulado, sentí un alivio inmenso de saber que aún quería hablar conmigo, después de todo lo que había pasado. Le expliqué lo mejor que pude por qué no había contestado su llamada anteriormente y le aseguré que no estaba enfadado ni dolido, solo exhausto del viaje y de todo lo vivido. Le conté que acababa de llegar a España y que, aunque estaba completamente agotado, había encontrado un sitio seguro para descansar un poco antes de continuar el trayecto.

Anca, en un tono más relajado, me dijo que estaba preocupada, aunque no lo hubiera mostrado en nuestra última conversación. Me explicó que no había querido ser dura conmigo, pero que realmente la situación en Italia era complicada por el tema de las restricciones y no quería ponerme en riesgo. Eso, además de todo el tema de las multas y la prohibición de recibir visitas, la había puesto en una posición difícil. Pero ahora, al escuchar que estaba bien y que ya había vuelto a España, parecía sentirse más tranquila.

A pesar del cansancio, pude notar un cambio en su tono, como si hubiese bajado las defensas un poco. Me dijo que realmente no esperaba que alguien hiciera algo tan loco por ella, y que no sabía muy bien cómo lidiar con eso. Fue honesta al admitir que, aunque se sintió sorprendida y halagada, la situación la había desbordado, especialmente por las circunstancias. Pero lo que más me llamó la atención fue cuando me dijo que, a pesar de todo, quería seguir hablando conmigo y que le gustaría que nos mantuviéramos en contacto.

Eso, de alguna manera, me devolvió un poco de esperanza. Aunque el viaje no salió como lo había planeado, y a pesar de la enorme cantidad de obstáculos, escuchar esas palabras me dio fuerzas. Le agradecí por su sinceridad y le dije que lo entendía, que nunca quise incomodarla ni hacer que se sintiera bajo presión. Solo quería que supiera lo mucho que significaba para mí.

Finalmente, después de algunas palabras más, nos despedimos. Le aseguré que llegaría a casa a salvo y que me pondría en contacto con ella una vez estuviera descansado. Colgué el teléfono y me dejé caer en el asiento del coche, procesando todo lo que acababa de pasar. Aunque el viaje había sido agotador y emocionalmente difícil, sentí que quizás aún había algo por lo que luchar.

Me acomodé lo mejor que pude en el coche y cerré los ojos, sabiendo que al menos había una pequeña luz de esperanza al final de ese camino. Lo que el futuro traería, no lo sabía. Pero en ese momento, me quedé con la satisfacción de haber intentado todo lo que estaba en mis manos.

Capítulo 10

Esta experiencia me ha dejado con un sabor agridulce, pero también con una enseñanza enorme. Aunque el plan que tenía trazado no salió como lo había imaginado, me di cuenta de que, a veces, por más que lo intentemos y demos todo de nosotros, las cosas no salen como esperamos. Eso no significa que esté mal lo que hice o lo que sentí, porque cada paso fue genuino, con el corazón en la mano. Y aunque pareciera que todo se derrumbaba, ese gesto de preocupación al final me dio un empujón para seguir creyendo.

Como les conté, no me arrepiento de nada. Sabía que era una locura desde el principio, pero no hay nada peor que quedarse con la duda de qué habría pasado si no lo intentas. Todo este esfuerzo, las largas horas de conducir, los controles policiales, el frío, el cansancio…: todo eso fue un sacrificio que estaba dispuesto a hacer por algo que consideraba valioso. Y aunque no logré lo que soñaba al principio, el simple hecho de intentarlo me dejaba la conciencia tranquila.

Sé que habrá gente que me critique, que diga que fue una estupidez o que lo mío fue una pérdida de tiempo, pero esas personas no entienden lo que significa seguir una corazonada, una esperanza. Prefiero haber hecho esta locura y saber que lo intenté, a haberme quedado en casa, pensando en lo que podría haber sido.

Lo que más me queda de todo esto es que, aunque no haya logrado quedarme con ella, ni pasar más tiempo, el simple hecho de saber que hay una pequeña chispa de esperanza, de que le importo lo suficiente como para preocuparse por mí, me basta por ahora. Quizá no sea el final feliz que uno espera en las películas, pero la vida real rara vez es así. Al menos, pude demostrarle que estoy dispuesto a hacer lo que sea por conocerla mejor, por estar cerca.

Y es que, cuando tienes un propósito, algo que te mueve por dentro, no hay nada que te detenga. Todo lo que se pone en el camino, ya sean policías, fronteras o incluso tus propios miedos, lo superas porque el objetivo es mucho más grande que cualquier obstáculo. Ahora sé que, si en algún momento tengo otra oportunidad, no la voy a desaprovechar. No importa cuántas veces tenga que intentarlo, voy a seguir adelante. Porque lo que siento es real, y vale la pena luchar por ello.

Me queda claro que esta experiencia ha sido una de las más locas de mi vida, pero también de las más valiosas. A veces, el camino hacia lo que queremos no es fácil ni directo, y está lleno de tropiezos, pero esos mismos tropiezos son los que nos enseñan quiénes somos de verdad y hasta dónde estamos dispuestos a llegar.

Si algo he aprendido de todo esto es que la vida es así: impredecible, llena de giros inesperados. Y que, por más que planeemos las cosas, siempre habrá algo que se nos escape de las manos. Pero lo importante es no rendirse, seguir intentándolo hasta que ya no quede ninguna duda de que lo diste todo.

No es para nada una persona mala. No es alguien que no tenga corazón o alma, al contrario. Como siempre digo, para mí, es perfecta. Sé que muchos dirán que nadie es perfecto, pero en este caso no estaré de acuerdo. Para mí, esa idea es una mentira. Creo que la perfección sí existe en este mundo. La verdadera pregunta es: ¿podemos verla?

¿Podemos sentirla? ¿Somos capaces de aceptarla?

En ella, no solo he visto a una amiga perfecta, sino también a la compañía ideal y, más importante aún, al amor verdadero. Y, aunque en este momento, siendo sincero, había dejado de creer que el amor verdadero existe y me parecía que solo eran cuentos, ella me ha hecho verlo todo de una manera diferente. Me ha mostrado otra perspectiva de la vida, una que no había imaginado.

Su presencia me ayudó a reconciliarme con mi pasado, a amar el presente y a ser más atrevido y valiente de cara al futuro. Me hizo reencontrarme con el Dani que alguna vez fui: un chico simple y normal, que comenzó desde cero, desde abajo, que no esperaba nada a cambio, que se alegraba cuando podía ayudar a alguien, y al que nadie le podía quitar la sonrisa.

Ese Dani se había perdido por un tiempo, había tomado otros caminos, caminos que no eran los suyos, alejándose de lo que siempre había soñado desde pequeño. Pero ahora, ese Dani ha vuelto. Ha retomado su camino, con más ilusión, fuerza, ambición y confianza que nunca antes. Y no, no quiero renunciar a lo que siento. La misma voz interior, la misma intuición me está diciendo que no debo rendirme, ni dejar que un primer intento fallido me detenga. Debo intentarlo otra vez, pero sin apurar las cosas, dejando que la vida decida cuándo y cómo debe ser.

Creo que esa prisa, ese caminar un poco más rápido de lo normal, fue lo que pudo asustarla. Ahora sé que debo tener paciencia, esperar esa señal que la vida me dará para saber cuál será el siguiente paso. Quizá esto haya sido solo un momento para no olvidar, un capítulo que quedará en mi memoria y en mi corazón, y puede que algún día encuentre la felicidad en los brazos de otra persona. No lo sé, no estoy seguro de nada en este momento. Lo único que sé con certeza es que no la voy a olvidar nunca, y que siempre tendrá un lugar en mi corazón.

Voy a terminar con unas palabras dedicadas a ella:

"Los árboles me guiarán
Hacia algo que sepa Eso eres tú, mi amor,
Una flor de 'No me olvides'.".

Mi nombre es Daniel Gabriel Maftei. Soy el hijo de Maftei Adrián y de Maftei Georgeta. Soy el padre de Maftei Alexandra Gabriela, y el hermano de Maftei Ciprian y Maftei Andreea, y también de Fran Melli.

Un beso y un abrazo grande a todos. No olvidéis ser buenos en esta vida...